El dibujo secreto de América Latina

El dibujo secreto de América Latina

WILLIAM OSPINA

LITERATURA RANDOM HOUSE

El dibujo secreto de América Latina

Primera edición: noviembre, 2014

© William Ospina
c/o Guillermo Schavelzon & Asoc., Agencia Literaria
www.schavelzon.com
© 2014, Penguin Random House Grupo Editorial, S. A. S
Cra. 5a. A No. 34-A-09
Bogotá, D.C., Colombia
PBX: (57-1) 7430700

www.megustaleer.com.co

ISBN: 978-958-58462-9-6

Diseño e ilustración de cubierta: Patricia Martínez Linares/Penguin
Random House

Impreso en Colombia-*Printed in Colombia*
Impreso por Editora Géminis Ltda.

ÍNDICE

LA CULTURA EN TIEMPOS DE PENURIA

Hay un poeta norteamericano que dice con sabia ironía que él defiende los valores más altos de la civilización: los valores del Paleolítico superior.

Bueno: tendemos a pensar que los grandes inventos de la humanidad se dan en nuestra época; por eso está bien que alguien nos recuerde que la edad de los grandes inventos fue aquella en que encontramos o inventamos el lenguaje, en que domesticamos el fuego y las semillas, en que convertimos en compañeros de la aventura humana al caballo y al perro, a la vaca y a la oveja, en que inventamos el amor y la amistad, el hogar y la cocción de los alimentos, en que adivinamos o presentimos a los dioses y alzamos en esas cavernas de Turquía nuestros primeros templos, en que descubrimos el consuelo y la felicidad del arte tallando gruesas Venus de piedra, pintando bisontes y toros y nuestras propias manos en las entrañas de las grutas.

Los grandes inventos no son los artefactos ni las cosas que nos hacen más eficientes, más veloces, más capaces de destrucción y de intimidación, más capaces de acumulación y de egoísmo. Los grandes inventos son los que nos hicieron humanos en el sentido más silvestre del término: el que utilizamos para decir que alguien es generoso, o compasivo, o cordial, o capaz de inteligencia serena, o capaz de solidaridad.

Cuando vemos que alguien es cruel, no se nos ocurre decir: qué humano es. Parece que todos advertimos que hay en el proceso de humanización, no como una conquista plena sino como una tendencia, la búsqueda de la lucidez, del equilibrio, de la cordialidad, de la responsabilidad, del afecto, de las aspiraciones generosas, de la celebración agradecida de los dones del mundo. Nos parece más humano Francisco de Asís que Torquemada, más humano Walt Whitman que Francisco Pizarro, más humano Montaigne que Robespierre, más humano Hölderlin que Hitler.

Ahora bien, los tiempos de penuria, los tiempos miserables, los tiempos aciagos, no se deben a una falta de cultura: se deben a la cultura misma. Para saber qué es la cultura tenemos que ir a la raíz, al cultivo, a la modificación de la naturaleza que comienza con la agricultura. A partir de allí, todas las derivaciones de esa modificación de nuestro estado natural y del mundo son cultura.

Sin embargo, aunque siempre quisimos identificar la cultura con los frutos copiosos de nuestros talentos y virtudes, hoy sabemos que la cultura también es la sospecha sobre nuestras virtudes, la crítica de nuestros talentos; no apenas nuestro conocimiento sino la prudente desconfianza de nuestro conocimiento. Hoy no sólo triunfamos sino que desconfiamos del triunfo, no sólo nos hemos mostrado capaces de transformar el mundo, y de transformarlo del modo más ostentoso y más asombroso, sino que somos capaces de dudar de las virtudes de esa transformación.

Toda cultura es provisional, porque siempre otra cultura está al acecho. Toda cultura es tanteo, exploración, experimento, y siempre sabemos que del descubrimiento del error y de la conciencia del error puede nacer lo nuevo.

¿En qué consiste hoy nuestra penuria sino en el colapso al que parece llevarnos nuestra propia soberbia? Una doctrina del crecimiento económico que no sólo encumbra a unos países en la opulencia y el derroche, en el saqueo de los recursos planetarios y la producción de basuras irreductibles, y abisma a la mayor parte de la humanidad en la precariedad y la indigencia, en la subordinación y la esterilidad, sino que cada vez precipita crisis más amplias y absurdas, que sujetan a las propias naciones opulentas a temporales de riesgo y depresión. Un modelo de producción y de comercio que convierte al planeta en una vulgar bodega de recursos para la irracionalidad de la industria. Un modelo de civilización cuyo frenesí de velocidad y de productividad, de consumo y de obsolescencia de sus objetos, precipita la alteración de los ciclos del clima y la transformación del planeta en un organismo impredecible. Un desequilibrio creciente del acceso a los recursos, al conocimiento, a la iniciativa y a la capacidad de orientar el rumbo de la historia, que convierte las clásicas tensiones del poder y de la sociedad en escenarios del terror y de la arbitrariedad, del tráfico de todo lo prohibido y de corrupción de todo lo permitido. Una doctrina del poder corroída por el fracaso de los valores históricos que fundamentaron toda moral y toda ética, y que ve desplomarse todo lo que fue respetable, serio y sagrado.

Nada de eso nace al margen de la cultura: es una de las consecuencias de un modelo cultural y de un orden específico de la civilización. Y es tan vasto el desorden, tan cósmica la amplitud del malestar, tan universal la ramificación de sus causas y de sus efectos, que ya no parece haber soluciones jurídicas, ni soluciones políticas, ni soluciones religiosas para un mundo que frente al colapso de lo más profundo parece que quisiera aturdirse sólo en el espectáculo, en la información compulsiva que se reemplaza cada día por otra, y que busca refugio bajo el cobertizo de cualquier fe improvisada, de cualquier entusiasmo vacío, de cualquier fanatismo.

En nuestras virtudes también está la fuente de nuestros defectos. La memoria que nos hace sabios e industriosos también nos hace vengativos. La imaginación que nos hace sorprendentes y mágicos también puede hacernos crueles. Nuestras virtudes requieren estar sostenidas por un orden mítico, por un sistema de valores, por una cosmología, y el desplome de ese fundamento no puede dejar de producir todas esas cosas terribles y escandalosas de las que se habla hoy: el terrorismo, la corrupción, el saqueo de la naturaleza, la subordinación de los intereses de la humanidad a los intereses particulares de la industria, del sistema financiero, de las plutocracias legales y de las mafias que son su reflejo en los espejos deformantes de la ilegalidad.

La gran pregunta de Hölderlin fue siempre cómo aliar filosofía y poesía, pensamiento e imaginación, entendimiento y gratitud, saber y respeto. Hay algo divino que hemos conquistado, pero no podemos perder lo humano que nos fue dado. Whitman y Zaratustra, el hombre y el superhombre, el que se regocija con la sensualidad y se reconcilia con el presente, y el que condensa y acumula los argumentos para creer en la tierra, han sido respuestas a esa pregunta, respuestas a la evidencia de que lo divino se apartó de la naturaleza y se refugió en el espíritu.

No es la ignorancia, es el conocimiento lo que nos ha hecho tan peligrosos. Estamos en manos de la razón pero nunca hubo tanto miedo. Y sin embargo no podemos intentar volver a la irracionalidad. Una vez que encontramos la razón, encontramos un camino del que difícilmente podemos apartarnos. Si hoy nuestra cultura diseña el colapso, traza indolentemente los bocetos de la aniquilación, nuestra cultura tiene el deber de responder, de desconfiar de las virtudes, de la industriosidad, de la velocidad, de la opulencia como modelo de existencia, del desperdicio y el envilecimiento del entorno como manera de habitar en el mundo. Les diremos sí a todas las innovaciones, a todos los inventos, a todas las fuerzas transformadoras con una única condición: que no alteren nada de lo que es esencial. Hay que mantener inalteradas las cosas esenciales de la vida y del mundo, y todos sabemos cuáles son: para eso nos han servido veinticinco siglos de conocimiento. El agua, el oxígeno, la vida, el equilibrio, lo que nosotros no hicimos ni podemos hacer. No se puede alterar lo esencial. Si tengo que elegir entre el agua y la extracción codiciosa del oro de la tierra, yo prefiero el agua. Si tengo que elegir entre el aire puro y el arrasamiento de la selva por la economía del lucro, yo prefiero el aire. Si tengo que elegir entre el equilibrio del clima y el crecimiento industrial yo prefiero el clima. Entre la antigua virtud de las semillas con sus fortalezas y sus vulnerabilidades y la modificación impredecible de las semillas y la fabricación de organismos estériles para satisfacer la codicia de los que privatizan lo divino, yo no sólo prefiero las semillas y la prodigalidad de las simientes naturales, sino que considero un crimen la apropiación privada de los más antiguos bienes colectivos. La pródiga manzana de la salud, de la tentación y del deseo no puede ser envilecida por un logotipo mezquino.

Y no hay que renunciar a interrogar el mundo, ni despreciar sus enigmas, pero ello no tiene por qué sujetarse a un designio inexorable de transformación, y menos de transformación irreflexiva y forzosa. Al menos habría que justificar toda transformación. El universo es a la vez tan prodigioso y tan delicado, que no tenemos el derecho de modificarlo abusivamente, de alterar, con consecuencias impredecibles, por designios y propósitos privados, los bienes de todos.

Ahora el que cambia algo tiene que responder ante todos, y se diría que por fin hemos llegado al comienzo del camino. Lo dijo alguien: cuánto esfuerzo para llegar al comienzo. En lo fundamental ya no pertenecemos a una tribu, a una raza, a una nación, a un credo, pertenecemos a un planeta. Para eso sirvió la edad de las transformaciones, para llegar a conocer los límites de la transformación. Para eso sirvió la globalización: para que se encontraran por fin los intereses del todo con los intereses de cada parte, el sentido del globo con el sentido profundo del lugar. Si ya pertenecemos al todo, ya el todo nos pertenece y podemos hablar en su nombre. Ya cada individuo tiene el deber de ser la conciencia del planeta.

El desafío no puede ser más grande ni más solemne. Legiones de jóvenes de todas las edades tienen que librar ahora la batalla definitiva, la batalla por los glaciares y por los pelícanos, por los helechos y por las medusas, por las selvas y por los océanos, por las artes y por los muchos sentidos de la belleza, por la razón y por el mito, por la supervivencia del mundo, que exige una urgente redefinición de los límites del hombre y de su industria. Ahora las banderas son de agua y de oxígeno, de enigma y de música, de memoria y de fantasía.

Como decía Hölderlin: allí donde crece el peligro crece también la salvación. Tal vez por eso los tiempos de penuria son los mejores: porque son los que llaman a la renovación de la historia. Y si es en la cultura donde surge el peligro, es en la cultura donde tiene que estar la salvación.

(Ensayo leído en la Universidad de Antioquia, en un certamen que tenía su mismo nombre.)

CANCIONES

Fue Chesterton quien dijo que la mejor explicación que se puede dar de por qué corre el agua es la de los cuentos de hadas: el agua corre porque está hechizada. Tal vez lo mismo podría decirse de las canciones, las canciones son palabras que están hechizadas, corren porque las arrastra una música. Las canciones son la manera más antigua y más evidente de la poesía, y los poemas no son más que canciones con una música más sutil o más secreta.

Alguien declaró que si le fuera permitido escribir todas las canciones de una nación, no le importaría quién hace las leyes. Ese ser desconocido sabía que también las canciones forman una legislación, otro cuerpo de normas humanas. Crean tradiciones y costumbres, son una profunda respuesta de las sociedades a sus circunstancias, transmiten los sentimientos pero también los saberes de las generaciones y afinan esa percepción del mundo que es típica de una cultura. Las canciones son la más humilde e inmediata poesía de los pueblos, y en nuestro caso, son una muestra viva de la complejidad de esta cultura, de sus riquezas, sus certezas y sus incertidumbres. Tenemos la fortuna de vivir en una de las regiones del mundo más ricas en canciones, ya que este continente cuartelado por la política y destazado por la economía es, culturalmente, una nación. Afinadas en una misma lengua, nuestras canciones son la manera como el castellano, convertido en instrumento musical del continente, interroga y descifra esta realidad.

En cualquiera de nuestros países se vivieron siempre como cosa propia las canciones de los otros, y aún tenemos que aprender a ver y a oír esas canciones en su continuidad, porque una de las tragedias del continente es que cada cierto tiempo llega un viento, un viento, un viento, como diría Barba Jacob, que se lleva nuestro alarido, y que viene a decirnos que el pasado no existe, que el pasado no importa, que todos nuestros pasados son torpeza y escombros, que el futuro comienza con nosotros y que hay que construirlo sobre la niebla y sobre el vacío. Aquí estamos hechos de la misma sustancia que el tiempo, decía Borges, aquí la historia es presurosa y todo está cambiando sin tregua, por eso tendemos a no acumular, a movernos por rupturas incesantes, por olvidos totales. Lo que ayer era nuestra emoción hoy corre el riesgo de ser nuestra vergüenza, las generaciones jóvenes reaccionan contra las mayores ignorando sus rituales y desdeñando sus sentimientos, pero en el fondo todos sabemos de qué barro estamos hechos, y basta que pase la edad de la cólera para que sintamos ese rumor de multitudes en que se hunde la raíz de nuestro espíritu.

Hay en América Latina una suerte de debate melódico que nunca logró ser una discordia entre la diversidad de nuestras raíces. Todas nuestras canciones contienen en diverso grado el ímpetu europeo, la melancolía indígena y la rítmica sensualidad africana. Se diría que en ese juego de mensajes secretos, de mensajes que están en la sangre, en las pasiones y en los sueños, la palabra es española, los silencios indígenas y los acentos, los énfasis, africanos. Pero toda declaración de este género es arbitraria, porque en cada canción respira un mestizaje, un modo de anudarse la cultura.

El origen de una canción no puede ser un obstáculo para disfrutarla.

En todos los países hemos sentido como un drama personal constitutivo de nuestra identidad la historia de ese jibarito que sale loco de contento con su cargamento para la ciudad, con una yegua que va tan alegre como él porque advierte todo el himno de alegría que hay en su cantar. ¿Y quién no ha sentido la angustia de esas horas en que el jibarito y su yegua, tan madrugadores y tan alegres al comienzo, van enmudeciendo a lo largo de la mañana estéril, ante un pueblo desierto como los de Rulfo, ante un pueblo muerto de necesidad, como todos los nuestros? Compartimos la tristeza con que el personaje vuelve a su casa, y la tristeza de su yegua también, tras ese largo día de frustraciones, aunque sé que la canción prefiere alargarse en evocaciones de Teophile Gautier, y consolarse con las perlas retóricas que ese señor francés le prodigó a la isla de Puerto Rico, el escenario del hecho.

México, Cuba y Puerto Rico han aportado con sus canciones una parte insustituible de nuestra educación sentimental. Y nadie en Latinoamérica se resigna a sentir que boleros, sones, mambos, corridos, rancheras, cumbias, paseos, porros, bambucos, pasillos, valses, cuecas, zambas, milongas y tangos son algo ajeno, inventos de otros. Dado que la mayor parte de las canciones las escuchamos por primera vez en la temprana infancia, es lícito que al oírlas no las situemos en México o en Cuba, en Borinquen o en Colombia, en Ecuador o en Argentina, sino en esos otros países que son la niñez y la memoria, y que las vivamos como algo íntimo, más propio aún que la patria.

Asociamos las canciones sólo con ciertas personas y con ciertas sensibilidades, pero uno se lleva sus sorpresas. Conocí una noche por azar a Fidel Castro en la casa de García Márquez en La Habana. Me habían invitado a cenar cuando apareció de pronto el comandante, con ese uniforme que siempre parece acabado de hacer, y se sentó a la mesa a conversar y a recibir el whisky que yo le servía. La charla estaba animada, aunque por supuesto Fidel demostró ser el conversador: habló de los Juegos Olímpicos, de espiritismo, de la enfermedad de las vacas locas, de la familia Clinton, de Nelson Rockefeller, de los tifones sobre la casa de su infancia en Holguín, en la provincia de Oriente, de los libros que Gabo le regalaba, especialmente de uno terrible de ciencia ficción llamado *El día de los trífidos*. Al calor de los whiskies, le conté que habíamos estado con García Márquez la noche anterior en Dos Gardenias, un bar donde cantan boleros en vivo toda la noche, y me sorprendió que Castro me dijera que no había estado nunca allí. "Pero cómo —le dije—: ¡si es un sitio tan cubano y tan grato!". Castro sugirió que sus deberes como gobernante no le dejaban tiempo para esas cosas, y ello me llevó a preguntarle de pronto, con cierta impertinencia: "¿O es que acaso no te gusta el bolero?". Fidel me miró con alarma y, haciendo muchos gestos, como acostumbra, me dijo: "¡Pero claro que me gusta!". Para comprobarlo, hizo algo que yo no esperaba. Me miró con los ojos muy abiertos y las cejas alzadas, de modo que se le arrugó la frente, frunció los labios con gesto teatral, y empezó a cantar:

Aquellos ojos verdes, serenos como un lago,
en cuyas quietas aguas un día me miré...

Esa circunstancia me hizo sentir por fin que Fidel es realmente un caribeño, porque confieso que, viéndolo con ese uniforme militar, yo tendía a concebirlo más como un gallego redentor extraviado en las islas, y así me lo sugería la respuesta que me dio una muchacha cubana en un bar cerca del Malecón cuando le pregunté qué opinaba de Fidel Castro. "¿Qué quieres que te diga —me respondió— de un hombre que anda de manga larga con este calor?". Los boleros son en Latinoamérica una lengua común, porque el Caribe es la región cultural más influyente del continente. García Márquez sostiene que el Caribe es un país que va desde el delta del Mississippi hasta el delta del Orinoco, pero el Caribe prolonga su influencia muy lejos, y uno siente caribeñas a Río de Janeiro y a Cali, ciudades de rumba y de danza, de mulatas de vientre ostentoso y de muslos vibrantes, con sus noches ardientes rayadas de trompetas.

Habría que trazar sobre el mapa del continente los mapas de las influencias musicales. El mundo del bolero, ese diálogo entre México y las islas, esa cosa susurrada y alegre que casi siempre se escribe en presente, frente al mundo del tango, por ejemplo, esa cosa rencorosa e inspirada, que casi siempre se escribe en pasado. Me llama la atención ese contraste, porque la poesía amorosa en lengua española siempre abundó en invocaciones al amor que no llega y en deploraciones del amor que se fue, pero casi nunca en celebraciones del amor como una posesión del presente. Muchos boleros intentan corregir ese defecto y abundan en ejemplos de una poesía que habla del amor como de un hecho real y actual. Ante una tradición religiosa que prohibía el placer y odiaba la sensualidad, esos boleros son una transgresión necesaria, su danza es una rebelión rítmica que inmoviliza a los amantes sobre una baldosa, y su poesía abarca desde expresiones castas y filosóficas, como la declaración doncellil de Consuelo Velásquez,

> *Por qué no han de saber*
> *que te amo, vida mía,*
> *por qué no he de decirlo,*
> *si fundes tu alma con el alma mía,*

hasta expresiones un poco más desafiantes, como la letra de uno que oí censurar severamente en un púlpito hace décadas:

> *Si amar es un pecado quiero ser pecador,*
> *si amar es sacrilegio, sacrílego soy...*

y que terminaba diciendo, para exasperación del sacerdote que lo comentaba:

> *Qué dulce es el pecado que nace del amor.*

Recuerdo al anciano sacerdote haciendo sin quererlo crítica literaria en su sermón de pueblo: "No, el pecado no es dulce —decía—, el pecado es amargo", y me digo que es bueno recordar el modo como las letras de nuestras canciones (de las melodías tendrá que hablar alguien más ilustrado) se nutren de una honda tradición literaria. Hay un eco en esos versos que he mencionado, de la poesía del Siglo de Oro, y ya Quevedo había escrito:

Si hija de mi amor mi muerte fuese,
¡qué parto tan dichoso que sería,
el de mi amor contra la vida mía!
¡Qué gloria que el morir de amar naciese!

Los boleros, como los tangos, recibieron su mayor influencia del movimiento modernista. Sin la labor de Rubén Darío, de Gutiérrez Nájera, de Silva, de Amado Nervo, no habría sido posible ese *pathos* sentimental ni tampoco todos los juegos ornamentales que abundan en las canciones de Discépolo o de Agustín Lara. Este poema de Gutiérrez Nájera podemos imaginarlo perfectamente como un bolero:

Quiero morir cuando decline el día,
en alta mar y con la cara al cielo;
donde parezca sueño la agonía,
y el alma, un ave que remonta el vuelo.

No escuchar en los últimos instantes,
ya con el cielo y con el mar a solas,

más voces ni plegarias sollozantes
que el majestuoso tumbo de las olas.

Morir cuando la luz, triste, retira
sus áureas redes de la onda verde,
y ser como ese sol que lento expira:
algo muy luminoso que se pierde.

Morir, y joven: antes que destruya
el tiempo aleve la gentil corona;
cuando la vida dice aún: soy tuya,
aunque sepamos bien que nos traiciona.

Totalmente marcados por el lenguaje modernista son ese

Barrio plateado por la luna

al que el compositor le dice con audacia:

que tenés el alma inquieta de un gorrión sentimental,

y ese sitio de la calle Corrientes que al parecer los turistas buscan en vano, y cuyas indicaciones son el segundo piso, el ascensor, la falta cómplice de portero y de vecina, un telefón que contesta, una victrola que llora tangos viejos,

y un gato de porcelana
pa que no maúlle al amor.

También es alarmantemente modernista, sin duda, esa definición del hastío que nos dejó Agustín Lara, como:

Un pavo real que se aburre de luz en la tarde

aunque nuestra razón no la comprenda. Ahora bien, de los versos tan conocidos de Amado Nervo:

El día que me quieras tendrá más luz que junio,
la noche que me quieras será de plenilunio,

salió sin duda la letra de *El día que me quieras*, que conocemos en la voz de Gardel:

El día que me quieras
la rosa que engalana
se vestirá de fiesta
con su mejor color...

y que, ya al anochecer, se llena de toques misteriosos al estilo de José Asunción Silva,

La noche que me quieras,
desde el azul del cielo,
las estrellas celosas
nos mirarán pasar,
y un rayo misterioso
hará nido en tu pelo,
luciérnagas curiosas
que verán
que eres mi consuelo.

Si los boleros forman una vasta región sobre el mapa del continente, no hay que olvidar que esa región, que comienza en Cuba y en México, se dilata hasta la Argentina, y que algunos memorables cantantes de boleros son argentinos. Me refiero sobre todo a Leo Marini, quien interpreta la canción favorita de Fernando Vallejo, que explora los matices de la advertencia:

Ya lo verás, que me voy a alejar,
que te voy a dejar y que no volveré.
Ya lo verás, que esta vida fatal
que me has hecho llevar
la tendrás tú también.
Yo sufriré, pero tú sentirás
el dolor de vivir
sin un poco de amor.
Cuando sufras verás a qué sabe
llorar sin que nadie
te cure el dolor.

Y a Hugo Romani, quien interpreta el adverbio mejor cantado del idioma:

Amorosamente llegarás,
amorosamente,
y serás cual flor
que nació al calor
de este afán de verte.

Y ya que hablamos de flores, no puedo impedirme contrastar esa flor, nacida de un sentimiento, con otra flor, bien distinta, porque es ya el despojo extremo de una pasión ida, y que está en un tango de Alberto Gómez:

> *Al recorrer tristemente*
> *páginas de honda ternura,*
> *rueda a mis pies el cadáver*
> *de una flor que dormía*
> *entre palabras tuyas.*

Algo semejante encontramos en Borges, a quien también lo podían conmover esas pequeñas magias inútiles del amor, esas nimiedades en las que se enmascaran las grandes pasiones:

> *Un libro, y en sus páginas la ajada*
> *violeta, monumento de una tarde*
> *sin duda inolvidable y ya olvidada...*

Pero claro, una época de la música continental nació del diálogo entre México, La Habana y Buenos Aires, y era un diálogo mestizo entre una región indígena, otra africana y otra europea. A lo mejor, para ser esquemáticos, la indígena ponía sobre todo el elemento sentimental, la africana el elemento rítmico y la europea el elemento intelectual. Pero es bueno recordar también que las otras tradiciones, de circulación menos universal, también establecieron lenguajes complejos y ricos. La cordillera de los Andes tuvo su expresión marcada profundamente por los elementos indígenas. Desde las cuecas chilenas y la música de Los Trovadores de Cuyo, hasta los valsecitos criollos peruanos, los pasillos ecuatorianos y colombianos, cuya lírica forma un vasto cuerpo de elaboraciones muy refinadas. Las letras de los Cuyos están también harto cargadas de influencias modernistas:

> *Retazos me quedan de un sueño vencido,*
> *manojos ya secos de rosas de amor,*
> *la imagen borrosa de un ángel querido*
> *que un día de gloria mi mente pobló.*
> *Cuando ella era mía, la hermosa montaña*
> *vestía sus galas de blanco y azul,*
> *los cielos me daban celeste esperanza,*
> *sus flores la tierra, los soles la luz,*
> *sus tiernos arpegios los negros zorzales,*
> *su fresca caricia el sauce llorón,*
> *los hilos de plata de los manantiales*
> *que corren jugando con chispas de sol.*

Algunas parecen de estirpe shakespeariana, sobre todo de esos episodios que se regodean con la disolución y con la muerte. Una de esas canciones parece de los monólogos lapidarios de *Ricardo II*:

> *Iré muy lejos, a buscar guarida*
> *para los ayes que el dolor me arranca,*
> *tal vez en una losa carcomida*
> *o en una tumba solitaria y blanca.*

Suele pensarse que la afinidad musical entre Colombia y Argentina se agota en el hecho de que Gardel hubiera venido a morir en Medellín, o en el culto del tango que aquí ha sido tan intenso como en Buenos Aires, pero la verdad es que por todos los Andes colombianos siguen sonando como desde hace más de medio siglo las canciones de Los Trovadores de Cuyo, y no solemos recordar que un hombre de Nariño se animó una vez a enviarles a esos músicos a los que tanto admiraba ciertos poemas que todavía se discute si los había escrito él o su esposa, que era antioqueña, y que desde entonces muchas de las canciones de Los Trovadores de Cuyo llevaron la firma del colombiano Carlos Washington Andrade, un desconocido paisano de Aurelio Arturo. Por ejemplo esta canción, cuya virtud está en que en lugar de afirmar sin dudas el amor que se siente, el cantor se pregunta asombrado, como en *Dafnis y Cloe*, qué abeja es esa que lo está picando:

Mi bien, si esto es amor, ¿qué voy a hacer?
Siente mi alma un dolor inmenso si no te ve.
Feliz mi vida si pienso en ti:
grande es la dicha si estoy contigo,
no sé por qué.

En las letras de los Cuyos abunda la inspiración lírica. Y debo confesar que algunos de mis versos favoritos de cualquier literatura están en esa canción que comienza:

No me causa pena lo que ya he perdido
sino lo que siento que puedo perder

Y que termina con una afirmación verdaderamente clásica, digna de Verlaine o de Victor Hugo:

Conservaré siempre su primer olvido
como he conservado su primer amor.

Uno de los más universales reclamos de los poemas amorosos es la imploración de que se acabe el sufrimiento, aunque eso signifique que se acabe también el amor. Es un sentimiento del que son capaces por igual las rancheras mexicanas, los pasillos ecuatorianos y los sonetos de Shakespeare, aunque por supuesto con argumentos distintos. Una famosa ranchera de Navidad lo dice así:

Acaba de una vez, de un solo golpe.
¿Por qué quieres matarme poco a poco?
Si va a llegar el día en que me abandones,
prefiero, corazón, que sea esta noche.
Diciembre me gustó pa que te vayas,
que sea tu cruel adiós mi navidad,
no quiero comenzar el año nuevo
con este mismo amor que me hace tanto mal.

A mí me parece totalmente satisfactorio ese sentimiento. El pasillo ecuatoriano le añade con originalidad la imploración del odio:

Ódiame, por piedad yo te lo pido,
ódiame sin medida ni clemencia.
Odio quiero más que indiferencia

porque el rencor hiere menos que el olvido.
Si tú me odias quedaré yo convencido
de que me amaste, mujer, con insistencia,
pero ten presente, de acuerdo a la experiencia,
que tan sólo se odia lo querido.

Parece apenas un despecho criollo, pero ésta es la manera como maneja Shakespeare, con mayor riqueza, pero sin apartarse de ese sentimiento, en su soneto 90, el mismo tema:

Ódiame, pues, si quieres; incluso, ódiame ahora,
cuando el mundo en mi contra conspira a cada paso.
Mejor ver que tu mano con mi mal colabora
y no que añadas tu odio después a mi fracaso.
Cuando mi pecho escape de este mal que lo acosa,
no traigas, en el séquito de un dolor derrotado,
a una noche de ráfagas una aurora lluviosa,
prolongando el desastre de un mal ya superado.
Si tú quieres dejarme, hazlo ahora y no luego,
cuando tantas desdichas logren su triunfo inmenso.
Si vas a hacerme daño, hazlo ya, te lo ruego,
que el poder del destino hiera desde el comienzo.
Y así, un dolor tras otro, hasta el dolor más fuerte,
serán nada después del dolor de perderte.

Yo diría que hubo una época, entre las décadas de los veinte y de los cincuenta, en que nuestra canción se permitía todo: la ternura, el rencor, la insolencia, la infamia. Tangos, pasillos, rancheras y boleros eran el refugio favorito del amor despechado. Sin embargo, hay diferencias. Mientras un bolero de Toña la Negra se caracteriza por su dulzura a la hora de hacer los reproches:

Después de tanto soportar la pena de sentir tu olvido,
después que todo te lo dio mi pobre corazón herido,
has vuelto a verme para que yo sepa de tu desventura,
con la amargura de un amor igual al que me diste tú.
Ya no podré ni perdonar ni darte lo que tú me diste,
has de saber que de un cariño muerto no existe rencor
y si pretendes remover las ruinas que tú mismo hiciste
sólo cenizas hallarás de todo lo que fue mi amor.

En cambio, uno de Olga Guillot se regodea en el rencor:

Te odio tanto
que yo misma me espanto
de mi forma de odiar,
deseo
que después que te mueras
no haya para ti un lugar,
el infierno
resulta un cielo comparado con tu alma,
y que Dios me perdone
por desear que ni muerto
tengas calma.

Una ranchera innoble se regocija además con la derrota del ser querido:

Es por eso que he venido
a reírme de tu pena
yo que a Dios le había pedido
que te hundiera más que a mí...
Dios me ha dado este capricho
y he venido a verte hundida
para hacerte a ti en la vida
lo que tú me hiciste a mí.

Ya lo ves cómo la vida
todo cobra y nada olvida,
ya lo ves cómo el destino
nos arrastra y nos humilla.
Qué bonita es la venganza
cuando Dios nos la concede,
yo sabía que en la revancha
te tenía que hacer perder.
A'i te dejo mi desprecio,
yo que tanto te adoraba,
pa que veas cuál es el precio
de las leyes del querer.

Y, por supuesto, un tango lleva esa perfidia a su perfección:

Sola, fané, descangayada,
la vi esta madrugada
salir de un cabaret;
flaca, dos cuartas de cogote
y una percha en el escote,

bajo la nuez.
Chueca, vestida de pebeta,
teñida y coqueteando
su desnudez...
Parecía un gallo desplumao
mostrando al compadriar
el cuero picotiao...
Yo que sé cuando no aguanto más
al verla así rajé,
pa no llorar.

Podríamos descalificar todas estas burbujas del rencor si no fuera porque sabemos que los que así se quejan no aman menos sino que están respirando por la herida, que todos estos desprecios son máscaras de la pérdida de aprecio por sí mismos, y que, por lo tanto, están apenas tratando de sobreponerse a su derrumbe contándose en vano una fábula de decadencia ajena.

Pero estas dulces miserias no agotan la innumerable exploración de los sentimientos humanos que hay en nuestra música popular. Existe una canción en la que es admirable el modo como el poeta capta el sentido principal del fumar como instrumento de la melancolía para distraer el paso del tiempo. Todos conocemos la famosa canción *Fumando espero*, que se regodea con el presente y con la ansiedad. Esta, en cambio, es la del fumador que afirma ya no esperar nada. Se llama, o debería llamarse, *De cigarro en cigarro*, y en ella es obsesiva la meditación sobre el tiempo que pasa en vano y que no puede ya traer lo único que se anhela:

Vivo solo sin ti,
sin poderte olvidar
un momento nomás.
Vivo pobre de amor,
en espera de quien
no me da una ilusión.
Miro el tiempo pasar,
el invierno llegar,
todo menos a ti.
Si otro amor me viniera a llamar,
no lo quiero ni oír.

Otra noche esperé,
otra noche sin ti,
aumentó mi dolor.
De cigarro en cigarro,
cenizas y humo
en mi corazón.

Yo añadiría que en pocas canciones parece tan necesario volver a empezar.

Podría escribirse un ensayo que se llame *Maneras del tango*, y a lo mejor ya ha sido escrito, para hablar de los incontables géneros que se agazapan en éste. Desde el tango narrativo y patético que no rehúsa el tema social, como *Dios te salve, mi hijo,* de Agustín Magaldi, que parece escrito en Colombia, y que secretamente revela las afinidades profundas de nuestros pueblos. Las escenas iniciales caben en cualquier pueblo de Colombia:

El pueblito estaba lleno
de personas forasteras,
los caudillos desplegaban
lo más rudo de su acción,
arengando los paisanos
de ganar las elecciones
por la plata por las turbas
por el voto o el facón.

Al instante que pasaban
desfilando los contrarios,
un paisano gritó ¡viva!
y al caudillo mencionó,
y los otros respondieron
sepultando sus puñales
en el pecho valeroso
del paisano que gritó.

Lo primero que habría que señalar es la destreza narrativa del poeta, digna de todo el romancero de la lengua, que maneja el octosílabo con eficacia notable. El mejor momento, en términos narrativos, es cuando el paisano utiliza el lenguaje como instrumento de su opinión y la respuesta de los otros es el puñal. El poeta no se niega al énfasis, y no dice que en vez de oponer palabras a las palabras los otros respondieron "hundiendo sus puñales", o siquiera metafóricamente "enterrando sus puñales", sino que comunica de una vez el resultado luctuoso diciendo que respondieron "sepultando sus puñales" en el pecho del paisanito que, como todos sabemos, deja huérfanos a sus pobres padres.

El tango también se permite finas observaciones psicológicas, no sólo del tipo de la brutal *Confesión*, en la que el compadre confiesa que al verse empujado hacia el fracaso y la ruina moral quiso salvar a su china de esa suerte y no encontró mejor solución que molerla a palos para que ella lo abandonara:

> *El recuerdo que tendrás de mí será horroroso:*
> *me verás siempre golpeándote como un malvao...*

Pero todo era por el bien de ella, como lo demuestra la estrofa final:

> *Sol de mi vida, fui un fracasao,*
> *y en mi caída busqué dejarte a un lao,*
> *porque te quise tanto, tanto, que al rodar*
> *para salvarte, sólo supe hacerme odiar.*

Pero otro tipo de reflexión psicológica, más sutil, está por ejemplo en *El adiós*, de Ignacio Corsini, en el que en medio de una despedida dolorosa, los dos amantes fingen que están contentos al separarse:

> *En la tarde que en sombras se moría*
> *buenamente nos dimos el adiós,*
> *mi tristeza profunda no veías*
> *y al marcharte sonreíamos los dos.*

Otra de las maneras del tango es la melancolía refinada, ostentosa de recursos verbales para construir una atmósfera y un estado anímico. El tango *Volver* es en eso ejemplar. A lo largo de la canción el personaje se resiste a nombrar el amor que viene buscando de nuevo después de los años, y prefiere insinuarlo en las cosas. Primero, el diálogo caprichoso entre los estados de ánimo del personaje y las cosas del mundo: las luces de la ciudad, que años después alumbran el regreso, todavía cargan todo el dolor del pasado.

> *Yo adivino el parpadeo*
> *de las luces que a lo lejos*
> *van marcando mi retorno:*
> *son las mismas que alumbraron*
> *con sus pálidos reflejos*
> *hondas horas de dolor.*
> *Y aunque no quise el regreso*
> *siempre se vuelve*
> *al primer amor.*

Hasta tal punto el cantor se resiste a mencionar el ser al que busca, que prefiere decir que en la calle inmóvil fue el eco el que lo confesó todo, y que las estrellas que miraron aquel episodio con burla ahora ven su regreso sin mayor interés.

> *La quieta calle donde el eco dijo*
> *"tuya es mi vida, tuyo es mi querer",*
> *bajo el burlón mirar de las estrellas*
> *que con indiferencia hoy me ven volver.*

No quiero intentar una valoración estética de este tango sino mostrar sus procedimientos. La retórica le permite usar la parte por el todo: no decir que el hombre vuelve envejecido sino que vuelve "con la frente marchita". Y aunque el argumento exitoso de este tango fue siempre la frase desafiante de "que veinte años no es nada", la verdad es que el hombre se muestra muy cansado, dice que la nieve y el tiempo le platearon la sien, que lleva el alma aferrada apenas a un recuerdo, que viene lleno de miedo del encuentro con el pasado, y que los recuerdos todavía encadenan sus sueños. Finalmente, el protagonista no confiesa del todo que viene a buscar a una novia después de veinte años de fuga, pero admite que una esperanza casi extinta es todo lo que le queda, y una fiebre que en la sombra todavía la busca y la nombra. Y como los tangos nacen unos de otros y dialogan entre sí, podemos recordar que a estos versos:

Errante en la sombra
te busca y te nombra

Alberto Gómez les hace eco en *Garúa* al describirse:

Como un duende que en la sombra
más te busca y más te nombra

Como sugiriéndonos que todos los hombres que hablan desde el tango son uno y el mismo.

De una manera menos reticente, también un autor antioqueño esquiva tercamente la mención de la mujer

perdida y va enunciando más bien su ausencia en la deso-
lación de los lugares que antes ocupaba:

> Ya el trapiche no muele
> y la rueca no hila,
> y yo vivo llorando porque no viene.

> Ya mi vida se muere
> de una inmensa tristeza,
> y es porque ya el trapiche no canta y muele
> y está inmóvil la rueca.

También en Colombia hemos hecho tangos, aunque no
con esa opulencia retórica. El más proverbial de los nuestros, aunque menos diestro, es poderoso, y con él Julio
Erazo cautivó a sus paisanos:

> Hoy que la lluvia entristeciendo está la noche,
> que las nubes en derroche
> tristemente veo pasar.

Pero lo mejor de las canciones de Colombia, también en
términos verbales, se expresa en los ritmos típicos del país.
En cumbias, como ese memorable *Lamento náufrago*:

> Sobre la arena mojada, bajo el viejo muelle,
> la besé con loca pasión,
> que ese era un amor perdido, perdido en la playa,
> perdido en la bruma del mar...

O como la hermosa *Carmen de Bolívar*, de letra tan sofisticada y llena de matices. Primero, matices con el clima:

> *Carmen querido, tierra de amores,*
> *hay luz y ensueño bajo tu cielo,*
> *hay primavera siempre en tu suelo*
> *bajo tus soles llenos de ardores.*

Después están los contrastes pintorescos de la aldea:

> *Llega la fiesta de la patrona,*
> *ahí va la chica guapa y morena,*
> *el toro criollo salta a la arena*
> *y el más cobarde se enguapetona.*

Estos porros y estas cumbias expresan con mayor nitidez nuestra sensibilidad y los matices de nuestra percepción. El mejor atardecer de nuestra música es ese que empieza:

> *El vaquero va cantando una tonada*
> *y la tarde va muriéndose en el río...*

En ninguna parte encuentro una descripción más adecuada de esos atardeceres de la llanura, cuando primero oscurece la tierra y el día resiste un poco en el cielo, pero también en su reflejo en las aguas.

Las canciones colombianas no siempre terminan bien, pero abundan en primeros versos magníficos. El mejor momento de *Momposina* es su primer verso, digno de las antologías:

Mi vida está pendiente de una rosa...

También el primer verso de una canción con letra de Epifanio Mejía es magistral:

Las hojas de mi selva son amarillas

En cambio el segundo:

Verdes, rosadas, qué hojas tan lindas

es trivial y destruye toda su magia.

Nuestros compositores son maestros en pintar paisajes. Jorge Villamil, por ejemplo:

Azules se miran los cerros en la lejanía,
paisajes de ardientes llanuras,
con sus arrozales de verde color.
En noches, noches de verano,
brillan los luceros con más esplendor,
la brisa que viene del río
me dice hasta luego,
yo le digo adiós.

Desde niño yo llevo como un recuerdo personal cierto paisaje tolimense, del poeta quindiano Baudilio Montoya, que trae un drama de amor en su almendra:

Teníamos una canoa,
y una atarraya de cuerda,
y un rancho firme enclavado

muy cerca de las arenas,
que besa siempre mi río,
mi río del Magdalena...
Qué feliz que yo vivía
entonces con mi morena,
pero se me fue una noche,
una noche de subienda,
con un boga traicionero
que le dijo cosas bellas.

Cuando cruzan las canoas
que viajan hacia Ambalema,
entre los copos de espuma
que deja el agua serena,
el corazón se me abruma
pensando que allí va ella,
con ese boga traidor
que le dice cosas bellas.

Y ello puede ser un buen comienzo para pensar un poco en la tendencia de la música colombiana a nombrar el territorio. Ya una canción de los desiertos del norte muestra bien ese tono señalando la evidencia, muy colombiana, de que por cercana que esté una región, ya nos resulta casi otro país:

Óigame, compa, usted no es del Valle,
de Magdalena ni de Bolívar,
pues se me antoja que sus cantares
son de una tierra desconocida.

Y yo le dije: si a usted le inspira
saber la tierra de donde soy,
con mucho gusto y a mucho honor,
yo soy del centro de La Guajira.

Escalona es notable haciendo descripciones:

Adiós, morenita, me voy por la madrugada,
no quiero que me llores porque me da dolor,
paso por Valencia, cojo la sabana,
Caracolicito, y luego a Fundación.
Y entonces me tengo que meter
en un diablo al que le llaman tren,
que sale, por to'a la zona pasa
y de tarde se mete a Santa Marta.

El mejor homenaje que se le ha hecho a ese sentido de observación que muestran estos juglares vallenatos está en *El coronel no tiene quien le escriba*, de García Márquez. Cuando el viejo coronel y su mujer han vendido todo lo que tenían en la casa, llega el temido momento de empeñar el reloj de péndulo, una sagrada herencia familiar. Como es muy grande, la mujer le dice al coronel que lo lleve a la espalda hasta la casa de empeño, y el coronel le responde que se lo tiene que envolver en un periódico. "Porque —añade— si me llegan a ver con ese reloj por la calle me sacan en un vallenato de Rafael Escalona".

Acompañando esa virtud de orgullo por un territorio, está siempre en los vallenatos la gracia narrativa:

> Una señora patillalera,
> muy elegante, vestí'a de negro,
> formó en el valle una gritería,
> porque la nieta que más quería,
> la pechichona, la consentí'a,
> un dueño'e carro cargó con ella.
> Ella gritaba yo crié a mi nieta
> con buena ropa, con buen calzado,
> con mucho esmero y estimación,
> pa que ahora venga este sinvergüenza,
> nariz parada, patillalero,
> a entusiasmarla con su camión.

Y después el desenlace burlón:

> Tranquilízate, Juana Arias,
> déjate de tanta bulla,
> que tú te mueres de rabia, y ellos,
> mascándose la cabuya.

También está la principal virtud de la música del litoral norte, que es el arte de decir cosas tristes con vitalidad y casi se diría que con alegría. Quién no siente entusiasmo cuando empieza eso de:

> No voy a Patillal porque me mata la tristeza,
> al ver que en ese pueblo
> fue donde murió un amigo mío.
> Era compositor, como lo es Zabaleta,
> era lo más querido de ese caserío.

Y ¿cómo negar que el tristísimo relato de la muerte de la adorada Alicia da ganas de bailar?

Se murió mi compañera qué tristeza,
se murió mi compañera qué dolor,
y solamente a Valencia, ay hombe,
el guayabo le dejó.

Un buen paisaje de nuestra música fue inventado por un ciego:

Si ven que un hombre llega a La Jagua, coge el camino y se va pa'l plan,
está pendiente que en la sabana vive una hembra muy popular,
es elegante, todos la admiran y en su tierra tiene fama.
Cuando Matilde camina, hasta sonríe la sabana.

Esa sonrisa de la sabana es de la estirpe gramatical de una risa que Dante descubre en el firmamento:

Lo bel pianetta que d'amar conforta
Faceva tutto rider l'oriente.
(Ese bello planeta que nos conforta con amores
iba haciendo reír todo el oriente).

Nuestras canciones sobre la naturaleza suelen tener una nitidez de estampa, y una alegría casi infantil. Por ejemplo, esta ternura:

Por el juncal florido del riachuelo
viene volando un pájaro amarillo,
lleva, lleva, en su piquito,
el primer besito que me diste
que se perdió en la llanura.

Cuando el compositor habla de su tierra natal, casi siempre logra algún verso conmovedor. De allí nace la fuerza de una canción de Jairo Varela que, para saludar a Quibdó, utiliza una conjugación verbal lícita pero harto inusual, plenamente justificada por el sentimiento:

Ya vamos llegando,
me estoy acercando,
no puedo evitar que los ojos se me agüen.

Y de allí nace la fuerza de esa canción a Cali que suelta con todo el corazón lo que podría ser el nombre de una antología de las muchas canciones que se han escrito para esa ciudad:

A millas siento tu aroma.

También conviene señalar que bajo la apariencia de un arte espontáneo, las canciones suelen ocultar a laboriosos artífices. No todo el que escucha *La cama vacía*, que hizo popular entre nosotros Óscar Agudelo, advierte que sus versos están construidos en décimas con su impecable estructura de rimas:

Desde un tétrico hospital
donde se hallaba internado,
casi agónico y rodeado
de un silencio sepulcral,
con su ternura habitual
la que siempre demostró,
quizá con esfuerzo o no
desde su lecho sombrío,
un enfermo amigo mío
esta carta me escribió.

Tampoco suele advertir el que escucha —e incluso aprecia— una canción del Pacífico como *Alma tumaqueña*, que esa letra, que delicadamente va construyendo un paisaje a la vez visual y sensorial, es un soneto, un buen soneto de estas tierras, que no hace énfasis excesivos sobre el oscuro objeto del deseo, pero que hace sentir el cuerpo esbelto que se pliega como una adormidera, el rostro surcado por una lágrima, su carácter atrozmente esquivo, su carne morena y tropical, y en un mundo que es indudablemente el litoral pacífico, playas calladas y arenas tibias en el verano eterno del mar:

Al calor de tus dulces palabras persuasivas
se enciende tus pupilas con luces de esperanza,
tu esbelto cuerpo tiembla como flor sensitiva
y en tu rostro apacible una lágrima avanza.

Sueño con el poema de tu pasión furtiva,
que entre caminos abre risueñas lontananzas,

sueño con la angustiosa sensación emotiva
de buscar en la vida algo que no se alcanza.

Mas no llores, oh virgen tropical de mi anhelo,
que he de vencer al mundo para apiadar al cielo,
por conquistar la gloria de tus carnes morenas,

para que en un paisaje marino y sin invierno,
vivamos la tragedia de nuestro amor eterno,
de una playa silente sobre la tibia arena.

Acaso no sea casual que el mejor poema sobre el mar que hemos escrito sea también un poema del Pacífico, la inspirada "Declaración de amor", de Helcías Martán Góngora:

Las algas marineras y los peces
testigos son de que escribí en la arena
tu bienamado nombre muchas veces.
Testigos son la luna y los luceros,
que me enseñaron a esculpir tu nombre
sobre la proa azul de los veleros.
Testigos las palmeras litorales,
porque en sus verdes troncos melodiosos
grabó mi amor tus claras iniciales.
Y los mares del sur que fueron míos,
y las islas del sur donde a buscarte
arribaba mi voz en los navíos.
Tú, sola entre la mar, niña a quien llamo,
ola para el naufragio de mis besos,
isla de amor, no sabes que te amo.

> *Para que tú lo sepas yo lo digo,*
> *y pongo al mar inmenso por testigo.*

Por supuesto que, con éste, hay otros poemas colombianos que merecerían ser canciones. Pienso en particular en el final de un soneto de Rafael Maya:

> *Por fin me has olvidado, recónditas congojas,*
> *en medio del crepúsculo que anubla un vuelo de hojas,*
> *callad, para que pueda pasar esta mujer.*

> *Y sentiré más tarde, bajo la noche ciega,*
> *posarse el pie enlutado de la que siempre llega*
> *sobre los rastros de esa que nunca ha de volver.*

La suerte de nuestros poetas con el género de las canciones ha sido irregular. La melodía no malogró un poema de Carlos Villafañe que menciona eficazmente la soledad. Hay canciones que se conforman con decir:

> *Estoy solo, inmensamente solo,*

pero esas declaraciones son menos convincentes que la síntesis del poeta del Valle que dice que no tiene:

> *Ni quien cuando me voy se ponga triste,*
> *ni quien me abra sus brazos cuando llego.*

No sé si yo he oído mal, porque las canciones uno casi nunca las ve escritas sino que las descifra, a través incluso de la bruma de viejas grabaciones, pero hay una hermosa canción antioqueña, *Ruego*, que es, creo, de Carlos Vieco, que siempre me gustó, y en la que me sorprende la cabriola final, que tiene algo de ese *goce de estar triste* del que hablaba Borges, de esa *felicidad de estar triste* que es la definición que hizo Victor Hugo de la melancolía.

La canción, al parecer, dice que recordar los besos de su amada le va a malograr el goce de la desdicha:

> *Ya nunca volverán aquellas horas*
> *de embrujo tropical, de ensueño llenas,*
> *sólo queda el recuerdo de tus besos*
> *para amargar el néctar de mis penas.*

No sé, repito, si es así la letra, pero es así como yo la recuerdo, y si se me perdona la opinión, es así como debería ser.

Una evocación caprichosa como esta tiene el deber de dejar en todos, incluido yo mismo, la sensación de que olvidé hablar de las canciones más importantes. Toda antología está hecha menos para que admiremos lo que se nos muestra que para que añoremos lo que se ha excluido. Así que esta selección habrá logrado su cometido si cada uno de ustedes tiene algún reproche que hacerme por la conmovedora y entrañable canción, o por el inolvidable centenar de canciones que culpablemente omití. Mi ignorancia de los nombres de los autores y de los intérpretes es por lo menos tan grande como mi amor por sus canciones.

Pero me gusta en eso parecerme al tiempo, o mejor dicho, al principal agente del tiempo, que es el escuchador de canciones ignorante y a veces ingrato. Soy consciente de que he hablado menos de canciones que de letras, y tendría que haber invitado a mi padre para que esta charla fuera más justa con la música popular. Pero es sobre todo un ejercicio de ese pecado que llamaban los inquisidores "delectación morosa", abandonarse al deleite de la evocación. Y, afortunadamente, la ventaja que tienen los temas inagotables es que uno puede terminar en cualquier momento.

(Dictado en un seminario del periódico *La Hoja*, de Medellín.)

DE ALAS Y DE RAÍCES

Hace poco volví a leer la conferencia "Tres culturas familiares en Colombia", que fue pronunciada por Estanislao Zuleta hace unos treinta años, y que desde entonces circula en fotocopias en las universidades, sin que haya sido publicada, que yo sepa, de una manera formal. Como en los tiempos en que la leí por primera vez, el texto me impresionó, tanto por lo que hay de certero y revelador en sus planteamientos cuanto por lo necesario y útil que resulta ese tipo de análisis en un país como el nuestro, que fue tradicionalmente tan desdeñoso de sus peculiaridades.

Vale recordar que en esos tiempos, en los vehementes y apasionados años setenta, muchos intelectuales asumían que para explicar la realidad del país bastaba hacer coincidir nuestra historia con los cánones de sus respectivas doctrinas. Pero Colombia es un país demasiado singular, Colombia no se parece a nada demasiado conocido, y mientras unos intelectuales jugaban a que éramos Francia, unos políticos a que éramos Suiza o el Japón de Suramérica, unos jóvenes rebeldes a que fuéramos Rusia o China o Cuba, y algunos sectores de la clase media a que fuéramos los Estados Unidos, la gente seguía rezándole al Corazón de Jesús, bailando cumbia y salsa, cantando vallenatos, preparando sancochos y tamales, y seguía votando, como todavía hoy, por esas maquinarias incomprensibles que se llaman el Partido Liberal y el Partido Conservador. Y se diría que a pesar de su asombrosa torpeza, esos partidos conocían más a Colombia y se identificaban más con ella que cuantos pretendiendo cambiar el país lo que procuraban era cambiar de país.

Desde temprano, Estanislao Zuleta fue un intelectual de otro tipo. No permitió que sus libros admirados y sus autores clásicos inhibieran su deseo de pensar por sí mismo; no creyó como tantos que aquí no hubiera nada en qué fundar una reflexión; y sobre todo, estaba convencido de que era preciso pensar desde esta tierra, desde esta sensibilidad, interrogando la historia y el territorio, pensando en los seres humanos que poblaban esta realidad.

Y yo diría que no fue pequeña la importancia de esa valoración del entorno en su decisión de ser sobre todo un maestro oral. Estanislao vio a los colombianos, a sus contemporáneos, como interlocutores suficientes para un diálogo filosófico y para una exploración del país a la luz de la cultura y de los saberes de la época.

Jorge Luis Borges, hablando de su maestro Macedonio Fernández, dijo alguna vez que para nuestros hábitos mentales un filósofo es apenas "alguien que conoce la historia de la filosofía, que enumera la sucesión de las escuelas y la bifurcación de las doctrinas", y que en cambio él podía afirmar que Macedonio era un filósofo "porque quería saber quiénes somos, si es que alguien somos, y qué o quién es el universo".

Estanislao conocía la sucesión de las escuelas y la bifurcación de las doctrinas, pero sobre todo le importaba pensar, y no vio jamás el pensamiento como algo incompatible con la vida. Su conversación corriente era filosófica, como podía serlo la del doctor Johnson o la de Goethe, y no por ello renunciaba al deleite de las cosas sencillas, a la pasión de la amistad o a la felicidad de un humor oportuno y punzante. En cambio es verdad que no era un hombre práctico, alguien que se moviera con fluidez en las ceremonias sociales, y a veces parecía más bien naufragado en una realidad que contrariaba sin cesar las altas exigencias de la inteligencia y de la imaginación.

Hemos crecido en una cultura dogmática, donde hasta la libertad se vuelve un dogma, y esto podemos atribuírselo al hecho lamentable de que en Colombia no se dio una separación entre la Iglesia y el Estado, y la educación estuvo gobernada ni siquiera por una religión sino por una Iglesia. Por ello aquí creció la costumbre de no polemizar sino de descalificar, acallar y eliminar todo pensamiento disidente.

Cuando Estanislao comenzó sus lecturas todavía imperaba en nuestra sociedad el índice católico, esa especie de lista negra de los libros que estaba prohibido leer. Entre los pocos libros permitidos ni siquiera estaba la Biblia, pues las jerarquías católicas nunca consideraron que sus fieles estuvieran en condiciones de interpretarla correctamente. Esto es asombroso: tanto se temía la libre interpretación, tanto se temía la libertad de pensamiento, que hasta la Biblia, el fundamento del orden mental y moral de la sociedad cristiana, era mirado como un peligro por los detentadores del poder material y del poder espiritual de nuestra sociedad.

Pero claro: fue justamente en este punto donde se produjo la tremenda disidencia en Europa de las naciones no católicas. Si algo hicieron Lutero y Calvino fue arrebatar a las jerarquías eclesiásticas el derecho exclusivo a interpretar el libro sagrado, poner una Biblia en manos de cada hombre, para que la interpretara y ajustara su vida a ese abismo de historias y preceptos.

Así como de un rumor de leyendas nació la sociedad antigua, de una relación con los libros surgió la sociedad moderna. La imprenta y la lectura sustituyeron en los pueblos europeos y en Norteamérica al rumor de la tradición; de la relación personal, íntima, mental con los libros surgió el individuo moderno tal como Europa y Norteamérica han llegado a concebirlo, y ello se dio por igual en los países protestantes y en países como Francia, donde el catolicismo oficial fue contrariado y atemperado por la Ilustración, por la libre interpretación, por el surgimiento de una ética civil nacida del libre examen y de la información.

De modo que era muy difícil que entre nosotros surgieran individuos en ese exigente sentido moderno. No sólo porque el imperio opresivo de la religión sobre los espíritus prohibía el ejercicio del propio criterio, las audacias del pensamiento y la originalidad de la interpretación, sino porque el orden político convirtió desde siempre a los ciudadanos en dóciles rebaños sujetos a la tiranía de las bellas palabras y de las prédicas feroces. La nuestra se configuró entonces como una sociedad de la elocuencia, de la oratoria, es decir, como una sociedad de la seducción de masas iletradas por sofistas manipuladores, y también como una sociedad de la intimidación, donde toda disidencia obtenía su excomunión y su anatema.

Es justo preguntarse cómo puede acceder a la modernidad una sociedad en la que es destruida la tradición oral y a la que nunca llegan los libros. Perdida la memoria oral, no vinieron las ideas a fundar individuos, conciencias críticas, seres capaces de juicio, seres capaces de someter al análisis las tremendas iniquidades, las corrupciones y las grotescas manipulaciones del poder.

Durante siglos, nuestros intelectuales tuvieron que luchar contra la idea imperante de que el libre pensamiento era una forma del mal. Poner en duda verdades eternas, desconfiar del derecho supremo de las élites a ser dueñas de todo, dudar de que Dios hubiera delegado a ciertos fanáticos como sus representantes en la tierra, preguntar si no habría otras maneras de organizar a la sociedad, discutir el derecho absoluto de los elegidos, el derecho de unos plutócratas a parasitar para siempre de la riqueza nacional, creer que la comunidad puede tener un papel más digno en la historia del país, un papel menos miserable, creer que de las mentes podía salir algo más que sometimiento y de los labios algo más que plegarias eran pecados graves, si no crímenes.

A lo largo de la historia, admirables individuos intentaron poner a nuestra tierra en el nivel de dignidad y de modernidad en que podían encontrarse los pueblos de Europa y de los Estados Unidos. Pero para ello no bastaba venerar sus culturas e imitarlos: lo único que hacían las élites. Quienes se atrevían a pensar que teníamos posibilidades originales, que había que creer en nuestro pueblo, mirar esta realidad y derivar de ella nuestro orden social y mental: hombres como José María Carbonell, como Jorge Isaacs, que estudiaba los pueblos indígenas del Magdalena cuando todo lo indígena era considerado barbarie y error por los dueños del poder, hombres como José Eustasio Rivera, que en una canoa y ardido de malaria recorrió la Orinoquia y la Amazonia procurando tomar posesión de un mundo desdeñado por los poderes centrales, merecieron todas las negaciones, todas las persecuciones.

La cultura oficial pretendía que no había diferencias entre nuestro mundo y el idolatrado mundo europeo; lo único que había que hacer era cambiar los nombres en los decorados del Senado latino, en las evocaciones de la República romana, pretender que Bolívar era Napoleón, que José Hilario López era Napoleón III, que Julio Arboleda era Victor Hugo. Pero el verdadero desafío de nuestra cultura era pensar desde sí, dejar de ser una glosa de la historia universal, dejar de ser una réplica tramposa de otras realidades y asumirse en su complejidad, mirar el mundo desde estas cordilleras andinas, estos valles por donde corren los ríos ansiosos hacia el Caribe, estos bosques de niebla, estos páramos inventores de agua, estas llanuras donde las arpas de Nortumbria y de Israel se contagiaron de la libertad de los vientos, y estas selvas donde las anacondas tienen figurado en su piel el mapa de las constelaciones.

Estanislao Zuleta se permitió una primera libertad: leer y escoger libremente sus libros. Fiel a sus tempranas lecturas de Thomas Mann y de Freud, llegó a la convicción de que el arte y la literatura son caminos de conocimiento, y no participó nunca del prejuicio de que el arte y la poesía eran apenas bellas distracciones, flores para el ocio. Vio el arte como algo militante, no en el bando de unas doctrinas, sino en el bando de una exploración responsable y profunda de la realidad. Entendió que el arte es conocimiento, que la poesía es una profunda interrogación de los enigmas del mundo, e incluso llegó a afirmar en uno de sus textos que toda poesía es una palabra sagrada.

Dado que Estanislao no era un hombre religioso en términos convencionales, esa afirmación del carácter sagrado de la poesía requiere una explicación, y él nos la dio. "Una palabra sagrada —dijo— es una palabra que no puede ser falsa. Se la define como verdadera o nula, como la música". Esta idea del arte y de la poesía como caminos profundos de conocimiento y como exploraciones hondas y verdaderas de la realidad fue estimulada en él por la lectura de Platón, quien a pesar de ser tan ambiguo en su relación con la poesía, a pesar de haber afirmado que los poetas siempre mienten y que deben estar excluidos de la República, también afirmó que la poesía, esa cosa alada y sagrada, es lo único a lo que podemos recurrir cuando ya no encontramos respuestas.

Así, en su extraordinario libro *Arte y filosofía*, Estanislao nos dice: "La filosofía desde sus orígenes apeló al arte como una especie de síntesis superior. Cuando Platón llega a un *impasse* y no encuentra un camino para descifrar algo, por ejemplo ¿qué es la investigación? en el *Fedón*, o ¿qué es el lenguaje? en el *Cratilo*, acude entonces a los poetas porque según él los poetas son los que conocen la verdad aunque no saben por qué la saben".

En el mismo sentido, Kant formuló una tesis que Nietzsche cita en una de sus lecciones sobre estética. Comparando y contrastando la elocuencia, que es el arte psicológico de la seducción, con la poesía, que solía ser vista sólo como un arte de bellas apariencias, Kant escribió que la principal diferencia entre ambas consiste en que la elocuencia se propone como una verdad, pero en realidad discurre como un juego, y en cambio la poesía se propone como un juego, pero discurre como una verdad.

Zuleta no dudó jamás de que el gran pensamiento puede buscarse por igual en el saber académico o en el arte, en Platón o en Homero, en Agustín o en Dante, en Kant o en Hölderlin, en Marx o en Dickens, en Freud o en Thomas Mann. Su relación con la literatura iba siempre mucho más allá de un deleite con la forma, de una valoración estética, para situarse en el ámbito de una percepción de los fenómenos y una interpretación del mundo. Como los clásicos, creyó en la inspiración mucho más que en la elaboración metódica de las obras: si alguna verdad hay en una obra de arte, seguramente es una verdad obtenida no gracias a la conciencia del autor sino a pesar de ella.

En este análisis convergen convicciones filosóficas, observaciones psicológicas y vislumbres estéticas. Para Zuleta hay un pensamiento que se debe al ejercicio de nuestras facultades racionales, pero hay otro, más profundo y revelador, que se debe al libre juego de las facultades, de modo que no sólo la razón sino la sensibilidad, la memoria y la imaginación entran en juego. Cuando Shakespeare escribe, sentimos que obra como en estado de delirio, en una suerte de trance: una obra como la suya no puede nacer de la serena reflexión, de una elaboración metódica, sino de un desbordamiento del lenguaje, el fluir incontenible de unas palabras que, arrastradas por la pasión, por la clarividencia, conquistan una condensación extraordinaria.

Es eso lo que querían decir los poetas antiguos cuando afirmaban no ser los autores de sus obras sino los amanuenses de la divinidad o del espíritu. Más que ir elaborando conscientemente un texto, siempre les pareció que recibían un dictado, que la obra preexistía en ellos y que iba surgiendo en el mundo por un mágico fluir del lenguaje profundo. Esto llevó a Zuleta a tomar partido por la inspiración frente a un arte más aparentemente consciente. Cuando los autores le parecían demasiado conscientes de su labor, cuando le parecía que tenían demasiado dominio sobre su material creador, sentía que algo coartaba el fluir de los poderes profundos del lenguaje. Él prefería a los hechizados, a los alucinados: entre la corrección de los grandes académicos y la imperfección llena de fuerza y de expresividad de los iluminados prefería a estos últimos, y podemos decir que Estanislao Zuleta veía como el lenguaje más alto el que escapaba a los poderes de la razón y permitía por ello expresar las verdades más hondas.

Tal vez contribuyera a ello la tesis psicológica sobre la mayor validez expresiva de un lenguaje que no se reprime, sobre el que no se ejerce un mecanismo de censura, pero fundamentalmente se debía a su convicción de que el ritmo por sí mismo, en un espíritu creador, es capaz de grandes condensaciones poéticas, de audacias que la razón no permitiría, de alianzas profundas entre elementos heterogéneos. Así, la tesis freudiana de que al soñar todos somos capaces de complejas y exquisitas elaboraciones estéticas, de que todo soñador es un artista, se ahondaba en la idea de que todo artista es un pensador, y que nada es tan revelador de verdades profundas como el arte. Y al decir verdades profundas no se habla sólo de las verdades de un individuo, sino, de un modo más complejo, de las verdades de una cultura.

Sin proponérselo, Shakespeare expresa un momento decisivo de la historia humana: el momento en que la civilización occidental pierde la tutela de los poderes míticos que la acompañaron durante siglos, un momento en que ya el hombre no aparece gobernado por la divinidad sino sólo por sus propias pasiones humanas, el momento en que lo humano toma plenamente posesión de la historia. Cervantes puede creer que está elaborando una parodia traviesa de los libros de caballería, pero más allá de su propósito consciente está dando testimonio de una época en que la alta idealidad es vista ya como locura por una sociedad mercantil; está fundando una edad en la que cada conciencia percibe un mundo, en donde la más profunda aventura humana no es ya realizar grandes hazañas heroicas sino ser capaz de dialogar con alguien distinto.

El arte parece cumplirse como a despecho del autor. La vieja tesis platónica parece encontrar en Poe, en Baudelaire, en Kafka, su tremenda confirmación. Y ya que ese oscuro manantial de las verdades, que se alimenta de desdichas y grandes riesgos mentales, que se manifiesta a través del ritmo, que nos revela los mecanismos profundos de la mente y de la realidad, que nos fortalece ante la adversidad y nos permite ganar espacios de libertad, no se debe a la voluntad de los autores, del mismo modo los autores no son los dueños del sentido de aquello que han elaborado, y ni siquiera logran ser los mayores beneficiarios de sus propias conquistas.

Shakespeare puede morir incomprendido después de haber cifrado un mundo, Kafka puede morir creyendo que su obra ha sido un clamoroso fracaso aunque toda una época se trasparente en sus pesadillas, Poe puede no haber advertido desde las sombras de su delirio que estaba inaugurando nuevas posibilidades para el pensamiento y cambiando la música verbal de una época, Dante puede creer realmente que el único propósito de su poema es jugar a encontrarse de nuevo con Beatriz Portinari en los jardines de la luz, y es posible que no haya sabido que su obra estaba poniendo en cuestión todos los fundamentos de la Edad Media, abriendo camino al naturalismo y al individuo moderno, cambiando la mirada sobre la naturaleza de toda una civilización.

Zuleta se iba acercando a nuevas intuiciones y a nuevas convicciones. Sintió que a lo que verdaderamente llamamos inteligencia es a una felicidad de aprendizaje, a una condición propicia para el entendimiento de los fenómenos; que a lo que verdaderamente llamamos memoria es a una riqueza de la percepción y a una capacidad de atención privilegiada por el medio. Estas convicciones fortalecían en él actitudes, ya que siempre insistió en la pertinencia de la tesis de Kant de que el pensamiento debe llevarnos a la acción, de que nuestras convicciones nos deben llevar a ser consecuentes.

Así como la tesis que considera la inteligencia un privilegio inexplicable conduce a una suerte de estratificación rígida de la sociedad entre quienes son capaces de pensamiento y quienes no lo son, la tesis contraria de que en todo ser humano existe una capacidad que puede ser potenciada por el medio, por la educación y por los estímulos lleva a la convicción de que un orden social más generoso y más justo engendrará individuos más capaces y más ricos en talentos e iniciativas.

Hay cierta pintura de Magritte en la que se ven plantas arraigadas que tienen cuerpos y alas de pájaro. Quiere ilustrar un mundo en el que las raíces no nos dejan liberar nuestras alas y donde las alas contrarían la voluntad de arraigar. Esto, en el mundo físico, es una limitación patética. El pensamiento, en cambio, es algo que necesita a la vez raíces y alas, y en el que el sentido de pertenencia y el afán de libertad pueden complementarse.

Hablar del pensamiento de Estanislao es hablar de dos cosas distintas: de lo arraigado de su posición como colombiano y como americano y de su libertad en diálogo con el mundo. De su arraigo no como una limitación para sus temas y sus argumentos sino como una conciencia profunda de que no es lo mismo pensar el mundo desde Europa que desde América, desde sociedades formadas en una larga tradición de pensamiento y desde otras crecidas bajo el poder represor de castas iletradas; esa conciencia del lugar y de los orígenes no tiene nada que ver con la veneración supersticiosa de lo local ni con la idealización de lo nacional. Es hablar al mismo tiempo de una independencia que le permitió desligarse temprano de la academia adocenada y de sus estructuras fósiles, que hace tiempo deberían haber sido barridas por el viento de la modernidad; de una libertad que le permitió moverse en diálogo con las grandes obras de la filosofía, de la literatura y del arte, libre de todo temor reverencial, y desarrollar a partir de ellas un pensamiento situado, digno de su tierra y de su época.

Cada vez que me inclino sobre sus libros, los libros que escribió y los libros que se han publicado como transcripción de sus conferencias, me asombran la vastedad de su conocimiento y la minuciosidad de su reflexión. Hay hombres que han leído más que Zuleta: pocos habrán leído mejor. Zuleta es un lector en un sentido inusual: si los libros nos llegaron tardíamente y al comienzo estimularon más el dogmatismo que el libre examen, más el fanatismo que la tolerancia, Estanislao se hizo lector en un sentido nuevo: no un pasivo consumidor de datos, fechas y frases, sino un creador, alguien que hace de la lectura un inagotable ejercicio de creación, alguien que no ve en los libros volúmenes acabados sino obras vivas, en continuo proceso de enriquecimiento y de transformación.

Quevedo había dicho:

Retirado en la paz de estos desiertos,
con pocos pero doctos libros juntos,
vivo en conversación con los difuntos
y escucho con mis ojos a los muertos.

Zuleta, desde una actitud menos eremítica, desde el lugar del pensador que no se aísla del mundo, que no teme estar siempre en diálogo con él, permitió que los muertos siguieran vivos en el diálogo y sujetos a las metamorfosis de la vida. No sólo los escuchaba sino que sabía responderles, convertirlos en presencias contemporáneas. Creyó, como Joyce, que Homero, desde la hondura de sus veintiocho siglos, podía ayudarnos a encontrar respuestas para los enigmas de la vida moderna. Comprendió que los humanos cambiamos más de decorado que de esencia. Se preguntó sin cesar qué tan distintos somos de los seres humanos que hace cinco mil años alteraron las semillas del trigo y del maíz, domesticaron los caballos, los cerdos y las ovejas, e inventaron la civilización. Se permitió ser ese hombre intemporal que dialoga con los siglos y con las edades, y que es capaz de ver, en el rostro casual de sus interlocutores de una tarde, el rostro de la humanidad pasada y futura, anhelante de sueños, necesitada de respuestas y ávida de valores que nos permitan seguir instaurando el sentido de la vida, conmoviéndonos ante la belleza del mundo y creyendo en la dignidad de la especie.

TRABAJO, SOCIEDAD Y FUTURO

Todas las definiciones de trabajo a las que podemos acceder en español comienzan por contar que la palabra "trabajo" procede del latín *tripalium*, que no era precisamente un oficio sino un tormento. *Tripaliare* era ser sometido a ese castigo, consistente en uncir al condenado a una suerte de yugo de tres palos unidos. Se diría que en veinte siglos el trabajo no ha logrado desprenderse del todo de su interpretación inicial, nacida de la edad de los esclavos, cuando trabajar y estar sometido eran términos equivalentes, y todavía seguimos usando la palabra para designar cosas que no tienen que ver en rigor con oficio ni con actividad rentable, como en el trabajo de parto, que es un proceso de sufrimiento, y los *Trabajos de amor perdidos*, o *Los trabajos de Persiles y Segismunda*, que son "penalidades, trances y sufrimientos".

A pesar de la labor de la abeja y de la hormiga, de los diques que hace el castor, de las tareas que cumplen los perros y los caballos, de la utilidad que nos brindan en campos muy distintos el ganado y los buitres, sólo del hombre decimos con rigor que trabaja. Usamos la palabra ciertamente de un modo metafórico para aludir a procesos de cambio y de metamorfosis: "Me trabajó otra vez el olvido", dice Borges en *El Aleph*; "El tiempo que trabaja en las espadas", dice algún poeta; "La piedra trabajada por el agua", dice otro. Pero una de las grandes edades del desarrollo humano fue el paso de la piedra sin pulir a la piedra pulida, del paleolítico al neolítico, y bien sabemos que esa es la época en que la especie humana tomó conciencia de su singularidad y se decidió a primar sobre el mundo: dominar el fuego, domesticar los animales y las semillas, y comenzar el cultivo que le daría su nombre a la cultura. Desde cuando somos humanos no nos concebimos sin trabajo, sin el ejercicio de la actividad humana aplicada a la transformación del mundo. Buena parte de esa actividad es penosa, requiere esfuerzo físico, penalidad y agotamiento, y por eso la primera razón para que el tormento de los tres palos haya sido su símbolo es porque todo trabajo supone una dosis de dolor y de padecimiento físico. Pero la segunda razón es que muy temprano en la historia unos empezaron a vivir de los otros, y casi nadie concibe la posibilidad de un mundo en que no nos beneficiemos del trabajo ajeno. La diferencia de nuestra época con la esclavitud radicaría en que los esclavos sólo existían para dar beneficios a los otros, en tanto que hoy, aunque millares trabajen en beneficio de sus patronos o de sus empresas, no hay nadie que pueda decir que no se beneficia del trabajo ajeno. Hay una mayor interdependencia en nuestra época, una mayor división del trabajo sin duda, un acceso de sectores un poco más amplios a los beneficios de la cultura, que son todos beneficios obrados por el esfuerzo humano.

Basta recorrer en cualquier dirección una ciudad para advertir que todo en ella es fruto del trabajo: calles, edificios, parques, fábricas, teatros, museos, hospitales, sistemas de transporte, redes de servicios, bancos, estadios, escuelas, prisiones, unos construyen, otros producen bienes y artefactos, otros diseñan, otros dirigen, otros actúan, otros protegen, otros organizan, otros enseñan, otros entretienen, otros se preparan, otros controlan, otros gobiernan. Mucho podemos discutir si esos operarios hacen las cosas bien, y por lo general estamos más satisfechos de los operarios y de los artífices que de los administradores y los gobernantes, pero no ponemos en cuestión el hecho central de que las gentes tienen que trabajar y que su trabajo tiene que ser valorado y remunerado. Pero como es verdad que desde la antigüedad se desarrolló una diferenciación poderosa entre el trabajo primitivo y el refinado, entre el trabajo meramente físico y el trabajo intelectual, nuestra cultura, que considera al espíritu superior a la materia, tiende a pensar que el trabajo físico vale menos que el trabajo intelectual, que hay trabajos que no requieren creatividad sino solo fuerza y paciencia, y que hay trabajos que no requieren esfuerzo físico sino ingenio y elocuencia.

Hasta ahora ha sido indiscutible esa división, pero cada vez más se nos hace evidente que no todo lo que nos ha legado la tradición debe ser conservado sin crítica. A finales del siglo XIX Nietzsche lanzó una exclamación desafiante: "Sólo sabemos lo que sabemos hacer". Eso, para una cultura donde los albañiles, los ebanistas, los zapateros, los sastres, los cocineros, los plomeros, los tejedores, los pescadores, los agricultores, los canteros o los recolectores suelen ser mirados como seres inferiores frente a los pensadores, los administradores, los teóricos, los políticos, los magistrados, los juristas y los académicos, era sin duda una afirmación provocadora y polémica. ¿Qué es saber hacer?, podría preguntarse. Se supone que el maestro sabe enseñar, el banquero sabe administrar las finanzas, el pensador sabe pensar, el científico sabe investigar y el político sabe gobernar: ¿qué duda cabe de que todos saben hacer algo?

Pero la pregunta no estaba hecha para desvalorizar lo valorado sino para valorar lo menospreciado. No se trata de que el político, el maestro o el legislador no conozcan su oficio, aunque viendo la situación de las sociedades uno tenga a veces sus dudas, sino de que cada vez hay menos razón para que los trabajos que requieren esfuerzo material valgan necesariamente menos que los otros. Yo pienso que deberían valer más, porque a menudo podríamos sobrevivir sin la labor de quienes trabajan en lo abstracto, pero difícilmente sobreviviríamos sin el trabajo de quienes hacen las cosas, los techos que nos guarecen, los alimentos que nos sostienen, los instrumentos que nos ayudan a mantener el mundo en pie, los elementos que nos ayudan a seguir siendo humanos. Si todo trabajo es bienestar para otros, esa separación entre el trabajo material y el intelectual y administrativo es un error grave de la cultura, y sorprende que los siglos no nos hayan ayudado a desarrollar una cultura de respeto profundo por el trabajo y por quienes lo realizan. La costumbre histórica de no sólo menospreciar sino de degradar a quienes realizan el trabajo material sigue siendo uno de los males más hondos de nuestra civilización. Él dio origen a muchas filosofías del resentimiento y a algunas prácticas políticas que pretendieron darle un vuelco radical al orden del mundo, pero esas supuestas soluciones extremas no sólo no resolvieron el mal, sino que demostraron que bastaba que fueran otros los que administraran el poder para que se transformaran gradual o inmediatamente en aquello que tan apasionadamente combatían.

Nadie parece discutir hoy la necesidad de mantener los procesos productivos existentes, ampliarlos si es posible, dar más y mejores empleos a los trabajadores, garantizar no sólo una remuneración justa y adecuada por su trabajo sino todas las garantías complementarias que la lucha de las fuerzas laborales ha conquistado a lo largo del tiempo, y que las legislaciones hasta hace muy poco consagraban y se comprometían a garantizar. Pero ello no debería privarnos de pensar más en profundidad los muchos temas que el trabajo propone a la sensibilidad, a la imaginación y a la historia.

Dada la magnitud del crecimiento demográfico, dados los patrones de consumo establecidos por la costumbre y magnificados por la publicidad, dada la alianza eficaz e inconmensurable de los modelos de producción con los avances científicos y el poderío transformador de la técnica, no será fácil para la humanidad renunciar al modelo de la sociedad industrial moderna y de su complemento indispensable, la actual sociedad de consumo.

Pero si el trabajo está por completo inscrito en el orden de la propiedad, de la productividad y del consumo, vigentes en las extraordinariamente homogenizadas sociedades modernas, no podrá sustraerse también a la reflexión sobre el horizonte de esa sociedad, sus peligros y sus límites. Una pirámide es un buen símbolo de cómo nuestras obras duran más que nosotros; pero todo trabajo tiene ese mismo sentido simbólico. No hay edificio que no dure más que quienes lo hicieron, no hay invento que no termine olvidando a su inventor y volviéndose patrimonio de la especie, no hay instrumento en el que no desaparezca a la larga el individuo que lo diseñó, y que no se convierta en parte de los recursos de la humanidad. Más allá de las ilusiones del individualismo a la moda, toda creación necesaria es una creación colectiva y termina, o debería terminar, siendo patrimonio de la especie.

Todos hemos sido beneficiados por el trabajo de cuantos han construido, inventado y creado a lo largo de los milenios. Pero no estamos seguros de que esos constructores, inventores y creadores hayan tenido el reconocimiento y la retribución que sus obras merecían. Existe una antigua injusticia consistente en que cuando llega la valoración de las obras, ya hace siglos que el hacedor se ha convertido en polvo. Algunos, en ciertos oficios, logran acariciar fama y fortuna, respeto y reconocimiento. Pero incluso en esos oficios privilegiados, qué poco disfrutó Shakespeare de la gloria que después los siglos le han tributado, qué desdichada existencia la de Vincent van Gogh, quien se veía obligado a cambiar sus telas por verduras en las tiendas del vecindario, cuando el precio actual de una sola de sus obras le habría permitido vivir como rico la vida entera.

Ahora las obras de ese hombre que no tenía con qué pagar sus necesidades del día son el símbolo de las tarjetas de crédito más poderosas de la Unión Europea. Ahora es fácil que en los billetes aparezca el rostro de José Asunción Silva, quien se suicidó por deudas; que esté llena de besos rojos la tumba de Oscar Wilde, a quien encarcelaron y destruyeron por haber besado a quien no debía; que los grandes teatros aplaudan fastuosos conciertos de Mozart, quien fue arrojado a la fosa común. Pero esos artistas por lo menos tuvieron en la vida la recompensa de haber amado profundamente lo que hacían, de haber disfrutado el proceso de creación de sus obras, y Hölderlin pudo pedir a sus musas que le dieran un verano más, y un otoño para pulir sus cantos, pues ese jugo le resultaba suficiente para saciarse, y añadió que si podía por un tiempo en la vida vivir como un dios, como un creador, estaría feliz de descender al reino de las sombras.

Sí, todo artista es dichoso porque ha podido hacer en la vida lo que necesitaba hacer, y sólo el que supo hacerlo con pasión y con entrega, con la convicción nacida de una vocación verdadera, logró realmente crear cosas que la humanidad no quiere olvidar. Tal vez eso significa que el tributo que las generaciones les brindan a los inventores y a los creadores es apenas un reflejo en el tiempo de la plenitud que ellos alcanzaron en su proceso de creación, y por eso tal vez no hay artistas sin recompensa, ni siquiera el desdichado Van Gogh, ni el ebrio Edgar Allan Poe, ni el salteador de caminos Francois Villon, siempre con un pie en el patíbulo.

¿No deberían todos los trabajadores tener una recompensa semejante? Yo creo que sí, la recompensa que haber pasado por el mundo haciendo lo que les gusta hacer, lo que los hace sentirse justificados y plenos. Si todos tenemos que morir, es justo que todos tengamos la convicción de vivir la vida que queremos, no la que nos impone el destino, aquella a que nos condena la sociedad, aquella a que nos obliga la precariedad de un orden social donde hay unos que valen y muchedumbres que simplemente deben acomodarse a lo posible y resignarse a lo ínfimo.

Ese, para mí, es el pensamiento más revolucionario posible: no que todos tengan el poder sobre el mundo, como se pretendía antes, pero sí que cada quien tenga un mínimo poder sobre sí mismo: la posibilidad de escoger su oficio y su pasión, de dedicar su vida a una tarea provechosa para otros pero satisfactoria para sí mismo. Sólo en ese momento podrá conciliarse la necesidad con el trabajo, el trabajo con la justicia, el trabajo con el respeto, el trabajo con el conocimiento, el trabajo con el talento, el trabajo con la salud, el trabajo con el arte y el trabajo con la felicidad.

Ello exige admitir que todo trabajo puede alcanzar la condición del arte. Yo no creo en la vieja tesis de que las artes son sólo siete, o nueve, o diez. Creo que sin duda son artes la poesía, la danza, el teatro, la pintura, la escultura, la arquitectura, la música. Que son artes también la fotografía y el cine. Pero ¿por qué no pueden ser arte el diseño y la gastronomía, la decoración y la indumentaria? ¿Por qué no pueden ser artes el pensamiento y la elocuencia, y también la elaboración de muebles y de instrumentos, así como los chinos saben que la caligrafía es un arte asimilable a la danza y que la política es un arte equiparable a la música?

¿Por qué no ha de ser un arte la política? ¿Por qué no hemos de pensar que la búsqueda de armonía, de convivencia, de sentido de la belleza y de felicidad colectiva tienen que hacer de la política algo cercano a la poesía? ¿No fue ese el sentido en que Kant afirmó que la más importante de las artes es la conversación? Llenar la vida cotidiana de sentido, de sensibilidad, de belleza y de refinamiento, eso es el arte, y no tiene nada que ver con el lujo ni con la ostentación, sino con la transformación de la vida en algo significativo, en la que cumplan una función las costumbres y las innovaciones, los relatos y los rituales, la belleza y el mito.

Y en esa medida también es conveniente considerar como trabajo productivo no sólo todo aquel que produce mercancías, como hoy, cuando el trabajo es sólo una fuerza sometida a las leyes del lucro, sino todo aquello que produzca un beneficio social. Es un error gravísimo de las sociedades creer que sólo hay trabajo digno de remuneración cuando alguien fabrica o contribuye a la fabricación de mercancías. Hoy vivimos en la era mundial de las mercancías, e incontables cosas se han ido convirtiendo en mercancías como bien lo anunciaron los profetas del siglo XVIII y del siglo XIX. No sólo los bienes de consumo, también la educación, la salud, la recreación, el sexo, la guerra, la religión, el descanso, el contacto entre los seres humanos, la comunicación, el conocimiento, la concepción del mundo, la información, todo se va convirtiendo aceleradamente en mercancía: el mundo se convierte en un inmenso supermercado donde hasta los sacerdotes tienen que correr a celebrar sus oficios en las escaleras de los centros comerciales, para que ni siquiera la fe detenga las maquinarias incansables de la producción y de la acumulación.

La industria, asistida por la ciencia y la técnica, transforma incesantemente el mundo, y el trabajo es el instrumento de esa desvelada transformación, porque el ser humano puede decir de sí mismo lo que decía la serpiente de Valéry: Yo soy aquel que modifica. Estamos aplicados a la tarea incansable de modificar el mundo, pero de repente hemos empezado a advertir que no siempre es benéfica esa transformación, que así como no toda novedad comporta un progreso, no todo cambio es un avance, no toda transformación es una conquista humana o un enriquecimiento del mundo. Es más, de un modo creciente, muchas de las transformaciones que obramos amenazan con dejar al mundo peor de lo que estaba, porque nuestras fábricas agravan el calentamiento global y alteran el clima, porque nuestros desechos ya son basura, mientras durante siglos todo lo que desechábamos volvía al ciclo de la naturaleza, ahora se acumula sobre ella y contra ella, porque envenenamos los mares, y polucionamos la atmósfera, y llenamos de anillos de basura sideral el espacio exterior.

Ya empieza a ser fuente de trabajo incluso corregir lo que hizo el trabajo. Ya hay que contratar gentes para que descontaminen, para que recojan la basura no biodegradable, ya reciclar es un oficio, aunque todavía mucho peor pagado que producir esos bienes que habrá que reciclar después. Y hay un ejercicio que pronto los humanos tendremos que aprender a hacer, y es comparar ese extraordinario teléfono celular de última generación con diez aplicaciones nuevas cada vez más asombrosas y tentadoras, que hay que comprar enseguida para ser alguien en el mundo, compararlo, digo, con lo que ese mismo objeto será cinco años después, convertido en un adefesio pasado de moda, rudimentario y reducido, eso sí, a basura casi imposible de reciclar, convertido, para decirlo mejor, en testimonio deleznable e irrisorio de la carrera loca del mundo por llegar siempre a un sitio un poco peor que aquel en el que se encontraba.

Kafka, como siempre, lo dijo mejor que nadie. "La vida siempre consiste en escapar de una celda que odiamos, hacia otra que todavía tenemos que aprender a odiar". Ahora pagamos por alterar el mundo, y un día tendremos que pagar por desalterarlo. Pagamos por mejorar, o creer que mejoramos, el mundo, pero tarde o temprano alguien tendrá que pagar por eliminar esas mejoras, que muy a menudo lo habrán dejado peor. ¿Cómo aprenderemos a distinguir entre lo que es verdaderamente útil y lo que es apenas llamativo, entre lo que es necesario y lo que es solamente novedoso, entre lo que nos cambia realmente, nos ayuda y nos mejora, y lo que meramente estimula nuestra vanidad o lisonjea nuestra torpeza? ¿Y no llegará el día en que en vez de pagar por limpiar el mundo sintamos que habría sido mejor pagar por no ensuciarlo, por no contaminarlo?

Hoy a muchos les parece ya imposible la limpieza del mundo: pero estamos apenas en los comienzos del proceso de su degradación y su envilecimiento. ¿Cómo será cuando diez o doce mil millones de personas persistan en montarse en el tren del consumo desaforado y del derroche irreflexivo? ¿Nos bastará entonces con el consuelo de haber tenido empleo personal gracias a ese trabajo que producía un daño colectivo?

Yo creo que el trabajo tiene deberes desde ahora, pero para ello es necesario que los trabajadores dejen de ser un mero objeto de tráfico, es necesario que los inventores, los constructores, los creadores y los productores se conviertan en voceros de la humanidad, en defensores del planeta que habitan ellos y que habitarán sus hijos. Y no será suficiente justificación para los empresarios dar empleo, pues ya el primer deber de los empresarios, para justificar sus ganancias, es garantizar que en cien años todavía haya un planeta habitable y amable donde la vida y la muerte valgan la pena.

Pero he dicho que no hay que considerar trabajo sólo a lo que produce mercancías: las sociedades tienen que aprender a considerar como trabajo productivo y benéfico, como labor digna de remuneración y de reconocimiento, todo lo que contribuya a la solidaridad, a la confianza de las comunidades, a su enriquecimiento espiritual, a la depuración de su sensibilidad, todo lo que cree alegría común, belleza compartida, espíritu de generosidad, cortesía, equilibrio y armonía con el universo natural.

No podemos persistir en la disposición de invertir enormes presupuestos en la persecución del mal, del delito, del crimen, de la hostilidad y del terror, y no comprender que la mejor manera de prevenir esos males es formando sociedades más solidarias, más alegres, con un mayor sentido de su dignidad, más responsables y más capaces de firmeza y de crítica.

Sólo pensar en esas cosas nos ayudará a superar la edad en que la palabra "trabajo" evoca sólo el yugo del *tripalium*, el sufrimiento del *tripaliare*. Entonces descubriremos que son muchos más los desafíos que nos propone nuestra época, que no hay espacio para sentirnos inútiles o aburridos en un mundo donde los desafíos son cada vez más grandiosos y las luchas necesarias cada vez más admirables, porque ya no nos restringen al ámbito mezquino de nuestras necesidades personales o familiares, sino que nos exigen ser parte de la humanidad, ser creadores y ser artistas. Un día no bastará que se nos pague en dinero: una parte importante de nuestro trabajo se nos tiene que pagar en felicidad verdadera. Que podamos decir como decía Barba Jacob:

Busco una vida simple y a espaldas de la muerte,
no triunfar, no fulgir, oscuro trabajar;
pensamientos humildes y sencillas acciones,
hasta el día en que al fin habré de reposar.

O que podamos decir como Aurelio Arturo:

Trabajar era bueno en el sur, cortar los árboles,
hacer canoas de los troncos.
Ir por los ríos en el sur, decir canciones,
era bueno. Trabajar entre ricas maderas.

Que el trabajo no sea maldición. Que lleguemos a una época (pero eso no sólo depende de todos sino de cada uno), que lleguemos a un momento en que podamos decir que nuestro trabajo no sólo mejora al mundo, sino que tiene el poder de mejorarnos a nosotros mismos.

(Charla dictada en un seminario sobre el trabajo, en la Universidad de La Salle.)

CAE LA NOCHE SIN QUE NOS HAYAMOS
ACOSTUMBRADO A ESTOS LUGARES

Es extraño que una especie que lleva más de un millón de años en este planeta, que hace cuarenta mil años inventó el lenguaje y el arte, que hace quince mil ya construía casas y poblados, que hace diez mil en Ecuador y en Mesopotamia ya cultivaba la tierra para obtener alimentos, que en Oriente hace nueve mil años ya domesticaba animales, que hace ocho mil quinientos ya empujaba ganados por el África, que hace seis mil ya tenía ciudades, que hace cinco mil ya andaba sobre ruedas, que hace cuatro mil quinientos años producía seda con los capullos de los gusanos, guardaba reyes en pirámides y sistematizaba alfabetos, que hace cuatro mil años ya levantaba imperios, todavía tenga que preguntarse cada día cómo educar a la siguiente generación.

Pero la verdad es que casi todas las culturas anteriores supieron trasmitir sus costumbres y sus destrezas, y para ello servían sin duda filosofías y religiones que siempre creían en el futuro, en tanto que en nuestro tiempo parece cundir por el planeta una suerte de carnaval del presente puro que menosprecia el pasado y desconfía del porvenir. Tal vez por eso nos atrae más la información que el conocimiento y más el conocimiento que la sabiduría. Los medios de comunicación alimentan y se alimentan de esa curiosa fiebre de actualidad que hace que los diarios sólo sean importantes si llevan la fecha de hoy, que los acontecimientos históricos sólo atraigan la atención de los públicos mientras están ocurriendo, porque después se arrojan al olvido y tienen que llegar pronto otras novedades a saciar nuestra curiosidad, a conmovernos con su belleza o con su horror.

En la política, la mera lucha por el poder termina siendo más urgente que la responsabilidad de ese poder, puesto que casi nadie les pide cuentas a los que se fueron y lo imperativo es decidir quiénes los reemplazarán. La pugna de los liderazgos personales parece eclipsar en todo el mundo la atención sobre los programas, el debate sobre los principios. Los líderes se preguntan todo el día de qué manera recibirán los electores tal o cual promesa, si se decepcionarán de ellos por proponer o decidir tal o cual cosa, y la tiranía de lo conveniente y de lo eficiente sustituye en las campañas los principios y las convicciones. Nadie habría pensado en otros tiempos que los pastores sólo pudieran decir lo que está dispuesto a escuchar el rebaño, pero es que la palabra liderazgo va perdiendo su sentido de orientación y de conocimiento para ser reemplazada por la mera astucia de la seducción, por todos los sutiles halagos y señuelos de la publicidad.

Ello no significa que sean los pueblos los que ahora deciden, porque a los pueblos hay poderes cotidianos que les gobiernan sus emociones, les modelan sus gustos y les dirigen sus opiniones: los gobernantes necesitan ser elegidos, pero una vez en el poder no harán obligatoriamente lo que prometieron sino lo que más convenga a los intereses que representan, que no siempre son los de sus electores.

Fuerzas muy influyentes y muy poderosas gobiernan el mundo, y pasa con ellas lo que con las letras más grandes que hay en los mapas, resultan ser las menos visibles, porque las separan ríos y montañas, ciudades y provincias, meridianos y paralelos. ¿En qué consiste entonces esa aparente seducción de las multitudes, que sólo quieren decirles lo que están dispuestas a oír, aunque en realidad se gobierna a sus espaldas y no siempre a favor de sus intereses?

Nietzsche decía que cualquier costumbre, aun la más insensata, es preferible a la falta de costumbres. Sin embargo, nuestra época es la de la muerte de las costumbres: cambiamos continuamente tradiciones por modas, conocimientos comprobados por saberes improvisados, arquitecturas hermosas por adefesios sin alma, saberes milenarios por fanatismos de los últimos días, alimentos con cincuenta siglos de seguro por engendros de la ingeniería genética que no son necesariamente monstruosos pero de los que no podemos estar seguros, porque más tardan en ser inventados que en ser incorporados a la dieta mundial antes de que sepamos qué efectos producirán en una o varias generaciones, todo por decisión de oscuros funcionarios que no parecen ser lectores de Montaigne y de Séneca, y que no siempre pueden demostrar que trabajan para el interés público. El doctor Frankenstein es ahora nuestro dietista, y el Hombre Invisible toma las decisiones delicadas que tienen que ver con nuestra salud y con nuestra seguridad.

Hoy tenemos a veces un sentimiento que no tenían las generaciones del pasado: el de estar viviendo en un mundo esencialmente desconocido. Mientras el maíz que comíamos era el mismo que habían comido nuestros antepasados durante miles de años, no teníamos por qué sentir ante él ninguna aprensión. Mientras los alimentos pertenecían a una dieta largamente probada, cuyos efectos habían disfrutado padres, abuelos y trasabuelos, podía haber una cierta confianza en el mundo, aunque quedaran muchas culturas por conocer, muchas religiones por comprender, muchas lenguas por traducir.

Cada quien vivía en su tribu, en su nación, en su cultura, pero sabía que las otras tribus, las otras religiones, las otras culturas eran igualmente responsables con sus respectivas comunidades. El proceso de globalización, que hace tantos siglos comenzó, y que ha ido incrementando su velocidad y su intensidad, permitía irse acercando a otras formas de vivir igualmente confiables. Shakespeare podía dialogar con los poemas zen, con los haikús, con las mitologías del Indostán, con las leyendas del Caribe, con el sueño del aposento rojo. La música instrumental europea podía aproximarse a los ritmos de África y ello no sólo significaba asombros recíprocos sino fusiones magníficas como el *jazz*, como los sones cubanos, como la salsa. Las camas empezaron a convivir con las literas y con las hamacas, los sombreros con los paraguas, y ciertas cosas no sólo pudieron pasar de una cultura a otra sino convertirse en símbolos de culturas distintas de aquellas donde habían nacido: las pastas chinas se volvieron un símbolo de Italia, el té oriental un emblema de Inglaterra, el café abisinio una de las costumbres centrales de Europa, el chocolate americano una de las mayores virtudes de Suiza.

Pero vivimos tiempos de vértigo. El problema no es que ahora todo esté en todas partes, que las culturas se mezclen y se confundan, que las distancias se hayan acortado, que un viajero que sale de Estambul al amanecer pueda estar al mediodía en España y a medianoche en Buenos Aires, que todo se acelere, se interconecte, se transparente en lo otro y a veces se confunda, porque todo eso forma parte de un antiguo hábito de intercambios y migraciones, se trata de que simultáneamente se van incorporando al mundo cosas que no proceden de la tradición ni de la memoria sino de una sed extraña por abandonar el pasado, por renunciar a todo lo conocido, por refugiarnos en el presente puro, en sus espectáculos y sus innovaciones, en sus mercados sin descanso y en la prisa inexplicable de sus muchedumbres.

El mundo ya no parece estar para ser conocido sino para ser retratado, las ideas no parecen pedir ser profundizadas y combinadas sino sólo ser trasmitidas; una manía no de la sentencia sino del eslogan parece apoderarse del mundo; no importa si los libros son leídos o no, lo que alimenta los gráficos de los medios es si son o no los más vendidos, y una humanidad cuyas grandes civilizaciones habían alzado templos del pensamiento, jardines de la iluminación y de la piedad, salones de la convivencia, moradas del descanso y de la hospitalidad, bosques de la serenidad y de la conversación, tiende a verse arrojada a un hipermercado que sólo pertenece momentáneamente a quien pueda pagarlo: por último refugio los centros comerciales, por último alimento del espíritu los espectáculos, por todo contacto humano las redes sociales, por toda escuela las pantallas de la televisión, por toda religión el consumo, por todo saber la opinión, por todo ideal tener cosas, haber oído las últimas noticias, pagar el seguro médico, utilizar la tarjeta de crédito, tener asegurados los gastos funerarios. El último hombre, del que hablaba Nietzsche, también podría ser aquel que, al preguntarle por sus ambiciones, contestó: "He vivido como todos, quiero morir como todos, quiero ir a donde van todos".

Nos preguntamos si han pasado los tiempos en que se podía hablar del ser humano utilizando las palabras de Hamlet: "¡Qué obra maestra es el hombre!, ¡cuán noble por su razón!, ¡cuán infinito en facultades! En su forma y movimientos, ¡cuán expresivo y maravilloso! En sus acciones, ¡qué parecido a un ángel! En su inteligencia, ¡qué semejante a un dios! ¡La maravilla del mundo! ¡El arquetipo de los seres!". Y toda pregunta por la educación tiene que partir de qué tipo de seres humanos queremos tener, lo cual significa qué tipo de mundo queremos construir.

Mallarmé escribió que la labor de los poetas consiste en "dar un sentido más puro a las palabras de la tribu". Siempre pertenecimos a una tribu local, pero ahora tendemos a pertenecer a la tribu planetaria. Antes nos separaban fronteras, razas, religiones, lenguas, costumbres, ahora es necesario que esas cosas que nos separaban puedan ser compartidas: gracias a las traducciones y al aprendizaje de otras lenguas, al ecumenismo y la convivencia de las religiones, a los cruces de razas y los mestizajes culturales, que todas esas cosas se exalten en los valores de la época. Ya es hora de reemplazar el Día de la Raza y el Día del Idioma por las fiestas de las razas que dialogan y de los mestizajes que las unen, y así como cambiamos los preceptos tribales por la declaración de los derechos del hombre y del ciudadano, tratamos de pertenecer cada vez más a la especie y menos a una raza, una secta o un dogma.

Todavía nos importan las naciones, pero no porque pensemos que sea ideal encerrarse en unas fronteras y en la veneración de la aldea, sino porque aún no impera en el mundo el respeto por la humanidad y por la naturaleza, y todavía hoy las comunidades tienen que defender sus territorios de la rapacidad imperialista y de los poderes sin escrúpulos. Pero hasta en la denodada defensa de su entorno las comunidades están luchando por una causa global, el agua que es bendita en la garganta de todos, lo que llamaba Whitman "el aire común que baña el planeta".

Si hoy se impone en todo el mundo definir un nuevo modelo de educación, ello se debe a que nuestra manera de vivir, sujeta a tantos cambios poderosos y a tantas fuerzas avasallantes, ha desbordado el ámbito de las viejas realidades, y así como nos ofrece nuevos recursos impone nuevos desafíos. Todo está cambiando en todas partes, pero no necesariamente para bien. Tenemos ahora un océano de memoria acumulada al que cualquiera puede acceder, pero la falta de valores, de principios y de criterios hace que innumerables seres humanos no saquen de ella más ventaja que la que se podría sacar de un basurero. Tenemos ahora sofisticados instrumentos y recursos de comunicación entre los individuos, pero no se traducen en una mejora de nuestra comunicación; los utilizamos exclusivamente como juguetes y como herramientas de trabajo, pero no pueden sacarnos de nuestra ancestral incomunicación, porque el desafío de la comunicación no radica en cómo sino en qué comunicamos. Tenemos extraordinarios medios de transporte que nos llevan por el mundo con más eficacia y más seguridad que nunca antes, pero eso nó equivale a un mejor conocimiento del mundo. También para conocer se requieren principios y propósitos. Nuestra llegada a Marte, como sugirió Bradbury, podría no diferir mucho de la barbarie de nuestra llegada a Tenochtitlán; nuestra visita a las islas afortunadas puede significar, como tantas veces, no la fortuna de los visitantes sino el infortunio de los nativos.

Los mejores seres humanos le debieron siempre mucho más a un maestro que a una institución. Todo gran maestro no sólo es alguien que en gran medida se educa a sí mismo sino que condensa el saber de una época y de una cultura. En ese laboratorio secreto que es el espíritu de un individuo se condensa muchas veces el saber que después puede trasmitirse a toda una comunidad. Pero ese saber no consiste sólo en conocimientos sino en actitudes: nadie nos enseña tanta filosofía como el que nos enseña a pensar; nadie nos enseña tanta política como el que comparte con nosotros unos principios y valores de convivencia; nadie nos enseña tanto de historia como quien, más que hacernos testigos de unas épocas, nos hace vivir en la historia. Nadie nos enseña tanto las ciencias como quien nos ayuda a comprender que ellas nacieron de necesidades y curiosidades que también son las nuestras; nadie enseña tanta astronomía como quien nos ayuda a vivirla como algo íntimo; nadie enseña tanta geografía como quien viaja asombrado con nosotros; nadie nos enseña tanta música como quien sabe conmoverse con ella.

Todo saber desligado del compromiso, de la pasión y de la experiencia se convierte en una árida y ajena enumeración de verdades sin alma, que se agotan en sí mismas, que no nos mueven a interrogar más, a explorar más, a descubrir más. Borges dijo alguna vez: "No soy capaz de enseñar literatura, apenas si puedo enseñar el amor por la literatura, y tal vez ni siquiera eso, a lo mejor sólo puedo compartir el amor por la literatura". Pero quien contagia el amor por una rama del saber ya puso a alguien en un camino que no abandonará mientras viva: en este mundo cada vez más cambiante y renovado en conocimientos, cada quien tendrá que ser forzosamente su propio instructor, y lo que necesita realmente es quien lo inicie en la pasión de la búsqueda y en la satisfacción del hallazgo. Se equivoca el maestro que pretende enseñarlo todo, que piensa verter en un cántaro vacío su propia abundancia; el verdadero maestro contagia inquietud y preguntas, señala caminos al pozo que puede alimentar la sed del que empieza.

Pero el primer maestro es nuestro propio cuerpo: es el espacio natural de la óptica y de la mecánica, de la geografía y de la historia, de la fisiología y de la música, del amor y de la amistad, de la química y de la medicina, de la elocuencia y de la meditación, de la geometría y de la antropología. Ese cuerpo que respira y se alimenta tiene que aprender a respirar y a alimentarse, ese cuerpo que camina y que se enferma tiene que aprender la sabiduría de los viajes y los milagros de la sanación y de la medicina, ese cuerpo que ama tiene que conocer los milagros y los peligros de la pasión, ese cuerpo que recuerda tiene que conocer los abismos y los prodigios de la memoria, ese cuerpo que habita el espacio y que fluye en el tiempo tiene que descubrir los órdenes y los vértigos de las matemáticas, las sabidurías del relato y los secretos de la música, ese cuerpo que vive y que muere tiene que descubrir los asombros de la filosofía, las perplejidades de la metafísica, la felicidad del pensamiento y los consuelos de la religión.

Dicen los orientales que la ilusión de ser algo aislado e independiente es la más nociva de las ilusiones del hombre. ¿Cómo podría ser algo aislado el que necesitó la conjunción de dos seres para existir, un vientre humano para gestarse, un pecho materno para aprender el don de los alimentos terrestres? ¿Cómo podría ser algo independiente el que no puede dejar un minuto de respirar el aire del mundo?

¿Qué es el aire?, decimos, creyendo preguntar por algo ajeno a nosotros. Y Novalis nos contesta: "El aire es nuestro sistema circulatorio exterior". Pero también el agua forma parte de nuestro sistema circulatorio exterior. Y las legumbres y los frutos y los cereales se convierten en nosotros en vida, en deseos y en pensamientos. ¿Qué escuela, qué maestro sabe enseñarnos esa intimidad con el mundo? ¿Qué escuela sabe enseñar ese saber minucioso de objetos, de bienes, de texturas, de sabores, de aromas, de goces, de alimentos, de bálsamos, de remedios? Mucho antes de la escuela ya hemos comenzado o perdido los más hondos aprendizajes.

Qué no daría yo porque alguien en mis años escolares me hubiera enseñado a conocer las maderas y las piedras, las calidades de los tejidos, los cantos de los pájaros, las posibilidades abiertas de las arcillas y las maderas, como parte de una fiesta de la vida y no como áridos deberes sujetos a competencia y a una severa jerarquía de tribunales y calificaciones.

¿Quién sabe enseñarnos qué parte de nuestra esencia humana son los ríos y el musgo, las lluvias y los veranos? ¿Quién nos enseñará la prudencia, la paciencia, la lentitud, el arte de volver a empezar? ¿Quién nos hará saber que en nuestras respuestas instintivas tal vez estén convulsiones y miedos que no son estrictamente humanos, el giro del pez en el fondo del mar, la reacción del reptil ante lo que avanza, el temor y la tentación ante el abismo que siente el pichón en el extremo de la rama?

Hölderlin sentía que no hay nada tan profundo como celebrar y agradecer. Porque todo el que aprende a celebrar las cosas del mundo y a agradecerlas ya está en camino de ser humano y de ser ciudadano. Y esto es importante porque desde hace algún tiempo, y como parte de este carnaval del mero crecimiento y de la mera productividad que se ha apoderado del mundo, cada vez quieren más que seamos buenos operarios y administradores, buenos contadores y funcionarios, pero no parece haber suficiente gente ni suficientes instituciones interesadas en que seamos ciudadanos competentes y verdaderos seres humanos.

También forma parte del proceso de transformación de nuestra cultura el que ahora no pensemos sólo en los derechos del hombre sino que seamos capaces de sentir amor y compasión por los animales, cordialidad por el mundo natural, respeto por el equilibrio planetario. Cuanto más avance esa globalización que a veces pretende ser sólo una estrategia de productividad y de mercado, más importante será la necesidad de que cada persona tenga una conciencia planetaria, sienta afirmarse en ella deberes y responsabilidades con el globo.

Quiero evocar aquí, para concluir, una novela de ciencia ficción de un gran escritor viviente: Frederick Pohl. La novela se llama *Homo Plus*, y su tema es el rediseño de un hombre en un laboratorio, un tema frecuente en la ficción científica desde los tiempos del Romanticismo. El mundo en la novela se prepara para la conquista de Marte, pero descubre que la primera fórmula para poblar ese planeta es imposible: dada la atmósfera irrespirable y el suelo improductivo, sería necesario llevar de nuestro planeta tierra y oxígeno, y crear allá una región artificial con los materiales, la atmósfera y los climas adecuados para que los colonos puedan sobrevivir. Esa mudanza cósmica a tales distancias y por tan largo tiempo resulta irrealizable. Entonces deciden hacer algo aparentemente más factible: tomar un ser humano y adaptarlo a las condiciones de Marte. Disminuir su masa corporal para que necesite un mínimo de alimento, cambiarle las extremidades de fibra ósea y muscular por materiales sintéticos y metales ultra-livianos. Adecuar su visión a nuevos requerimientos mediante la implantación de sistemas de lentes. Finalmente, le ponen en su espalda unos paneles con células fotoeléctricas que le permitan funcionar menos con proteínas que con energía solar, y así construyen algo que en la Tierra es ciertamente monstruoso, pero cuando lo sueltan en Marte, ese ser mutilado y alterado parece una suerte de ángel o de divinidad que vuela por el aire marciano, es capaz de extraer de la atmósfera el oxígeno necesario, puede alimentarse de los minerales que allí abundan, y tiene el peso y la fuerza requeridos para vivir en aquel mundo.

El autor no deja de mostrarnos que, sin embargo, dentro de ese ser hay un terrícola atrapado lejos de su planeta, desadaptado para siempre de su mundo de origen, y por medio de esa metáfora, Frederick Pohl nos ayuda a sentir de qué manera minuciosa nuestros cuerpos están diseñados por este planeta, nuestro peso, nuestro sistema alimenticio, nuestro sistema respiratorio, nuestra locomoción, nuestra vista, nuestros músculos, todo corresponde al mundo en que hemos nacido. Que por ello somos no sólo huéspedes del mundo sino una síntesis de lo que hay en él: sus bienes nos alimentan, sus aires nos dan vida, la distancia del Sol es la adecuada para nuestra existencia, el rumor de la lluvia nos arrulla y, como decía Wordsworth, "hay bendiciones en esta suave brisa". Somos hijos de la tercera piedra después del Sol, y la verdad es que sólo en ella tendremos siempre nuestra morada.

Pero, curiosamente, vivimos como si no lo supiéramos. Cada vez más degradamos la atmósfera, arrasamos las selvas, envilecemos el océano, permitimos que nuestras industrias alteren el clima planetario. Hace setenta años todos pensaban que los recursos eran inagotables, que la acción del diminuto ser humano no podía alterar el equilibrio del mundo. Gradualmente hemos sido testigos del despertar de fuerzas huracanadas; en cierto modo somos como dioses con nuestro saber científico y con nuestro poderío técnico, y sin embargo cuán primitivos todavía en la capacidad de moderar nuestros apetitos, de respetar los fundamentos del planeta.

Digamos que la ciencia y la técnica andan a saltos de liebre, pero nuestras filosofías y nuestra moral, que deben ser las que marquen la pauta de la historia, avanzan a paso de tortuga, o tal vez retroceden. Nuestros modelos de educación conservan lo más formal y lo más fósil de los recursos de otros tiempos pero a la vez parecen haber renunciado a grandes sabidurías de la tradición, y si bien procuran responder a las urgencias del presente no han encontrado el camino para responder a los desafíos que ese mismo presente formula.

No podemos resignarnos a tener millones y millones de operarios ignorantes, y unos cuantos cerebros electrónicos y unos cuantos gerentes gobernando el ritmo de la especie. Es verdad que la democracia es nuestro deber histórico; pero no una democracia de publicistas y de manipuladores, no una democracia de políticos ambiciosos y de muchedumbres seducidas, no la democracia del doctor Frankenstein y del Hombre Invisible.

Nunca necesitó tanto la humanidad parecerse al hombre del Renacimiento, que ejemplificaron Leonardo da Vinci y León Battista Alberti, que fue meditado por Montaigne y descrito por Hamlet. Pero curiosamente, por el poder del lucro que arrastra la economía, por el peso de la ambición que gobierna la política, por la fascinación con el espectáculo, la moda y la novedad que rige a los medios, quieren que seamos pasivos operarios, pasmados espectadores, incansables consumidores de mercancías y de información. Tardamos en aprender a ser parte responsable y agradecida del mundo, tardamos en saber qué es lo que hay que trasmitir a las siguientes generaciones, porque la verdad es que nuestros empresarios sólo creen en el presente, nuestros políticos sólo creen en la siguiente elección, nuestros científicos sólo creen en su particular disciplina, y nadie parece capaz de creer de verdad en las generaciones que vienen y en el mundo que vamos a dejarles. Como dicen los versos de un poeta caribeño: "Cae la noche sin que nos hayamos acostumbrado a estos lugares".

(Leído en varios seminarios sobre educación, en Ibagué y Bogotá.)

GARCÍA MÁRQUEZ, LOS RELATOS Y EL CINE

1

Hoy fue domingo en las orejas de mi burro, dice un verso de César Vallejo que muestra cierto costado indócil de la literatura: es un verso que sería imposible llevar al cine, que sería imposible ilustrar. Más misterioso, en términos poéticos, es este verso de Aurelio Arturo que cumple también con la condición de sólo ser posible en las palabras: *Negras estrellas sonreían en la sombra con dientes de oro*.

Hay cosas que sólo puede hacer la literatura. La poesía ha inventado, por ejemplo, un extraño tipo de colores que no son simplemente físicos sino que podrían llamarse colores morales. Hablando del rey Felipe II, Manuel Machado escribió: *Este es el rey Felipe, que Dios guarde, / todo de negro hasta los pies vestido, / y de los ojos el azul cobarde*. Describiendo a una mujer, León de Greiff dice: *Tiene esa dama el aire de una Bianca Capello / ojos de verde undívago, labios de rojo cruel*. Hablando del mar, John Peale Bishop dice de pronto: *Y todos los colores del mar son fríos, como ahora, cuando sensuales verdes avanzan, bajo el influjo de las olas contrarias, hacia deseables azules*. Describiendo la caída de Troya, y las muchedumbres que huyen iluminadas por el incendio, Lope de Vega escribió: *El vulgo, aún en los templos mal seguro / huye cubierto de amarillo espanto*. Ese azul cobarde, ese rojo cruel, esos sensuales verdes, esos deseables azules, ese amarillo espanto forman parte de un espectro singular que sólo es posible con palabras, en vano intentaría la imagen representarlos para producir la curiosa emoción estética que esas palabras combinadas ofrecen.

A la hora de meditar sobre el arte peligroso y tentador de llevar los libros al cine conviene recordar que hay hechos estéticos que sólo pueden ser literarios, y que hay autores que dependen más que otros de la sonoridad de sus palabras. Suele decirse que de los malos libros se hacen buenas películas y de los buenos libros películas malas, pero si uno piensa en *Los duelistas*, de Ridley Scott, poderosa adaptación de la novela *El duelo*, de Joseph Conrad, o si piensa en la bella película *De ratones y hombres*, protagonizada por John Malkovich, titulada con cierta torpeza en español *La fuerza bruta*, y que está inspirada en la novela de John Steinbeck, creo que podemos dudar de esas afirmaciones tajantes.

2

Sabemos que el arte cinematográfico ha aprendido mucho de las letras, y sería apasionante un rastreo de esos recursos narrativos del cine que puedan haber sido recibidos de la literatura. Saber de qué escritores nutrieron Griffith, o Welles, o Chaplin, o Fritz Lang, sus primeras narraciones en el celuloide. También es interesante ver cómo a partir de cierto momento la literatura empezó a verse influida por los recursos del cine. Borges reconoce que su costumbre de proceder por imágenes discontinuas en los relatos de la *Historia universal de la infamia* está inspirada en las películas de Joseph von Sternberg, y Chesterton parece tener clara conciencia de los recursos del cine cuando en su poema "Lepanto" pasa de un primer plano de la sonrisa del sultán de Estambul a un verso vastísimo en el que describe las aguas del Mediterráneo. *El sultán de Estambul se ríe mientras juegan / Como las fuentes es la risa de esa cara que todos temen / y agita la boscosa oscuridad, la oscuridad de su barba, y enarca la medialuna sangrienta, la medialuna de sus labios / porque al más íntimo de los mares del mundo lo sacuden sus barcos.* No asistimos al paso caprichoso del primer plano de la sonrisa y de la barba al plano general de mares y puertos: Chesterton nos dice que el sultán está sonriendo porque sus barcos avanzan por el Mediterráneo, la secuencia revela una consecuencia.

La literatura podría parecer el registro espontáneo en el lenguaje de las complejidades de la realidad; pero la literatura es una milenaria acumulación de recursos y destrezas en el ejercicio siempre incompleto de narrar con eficacia, de prodigar en el lenguaje asombros y revelaciones. En el hermoso libro *Mimesis*, de Erich Auerbach, es posible seguir el rastro de algunos descubrimientos centrales en la historia de la literatura de Occidente, desde la importancia de la cicatriz de Ulises en la *Odisea*, pasando por el momento más paradójico de la locura de don Quijote, aquel en que los ojos del caballero loco, por más que se esfuerzan, no pueden ver a Dulcinea, hasta el momento en que la alusión a un calcetín en una casa inglesa, en la novela de Virginia Woolf, nos enfrenta a la sensación de que la literatura no busca ahora grandes tipos humanos ni grandes episodios sino que puede maravillarse y sorprenderse con lo aparentemente insignificante.

3

Homero, al mostrar la cicatriz de Ulises, parece decirnos que allí donde hay una cicatriz hay una historia. Es un buen dato para los directores de cine, porque muy a menudo lo que busca un buen guionista es un episodio central, una anécdota contundente alrededor de la cual mostrar el mundo. ¿Qué es la obra de Marcel Proust sino el esfuerzo por hacer pasar la totalidad del universo por el hilo de una sola conciencia? ¿Qué es la obra de Joyce sino el intento mágico de hacer caber el infinito universo y la historia inabarcable en una ciudad y en un día? ¿Qué es la obra de Conrad sino la sospecha de que quien quiera verlo todo sólo necesita posar su mirada en cualquier parte? ¿Qué es la obra de Faulkner sino un esfuerzo por mostrar que todo objeto, todo ser humano, todo hecho, es inagotable, y que nuestra aproximación a la realidad es como el progresivo acercamiento de la flecha de Zenón al blanco inalcanzable? La buena crítica, más que descifrar los textos, nos muestra con asombro su riqueza y su complejidad. Y el objetivo del lector, como el del espectador de cine, no es entender los hechos, sino vivirlos. Siempre volvemos a preguntarnos cuáles son los recursos narrativos y poéticos inconfundibles que alcanzaron Flaubert y Tolstói, Poe o Chesterton, qué es lo que sólo podemos recibir de cada uno de ellos, el sabor singular de su estilo.

Allí es casi obligatoria una analogía con la pintura. Siempre estamos a punto de saber quién inventó ciertos recursos. No desdeñamos las rocas de Paolo Uccello, cavernas que parecen de cartón piedra, con el argumento de que Leonardo miró e imitó las rocas con más obstinado rigor. Los cuadros de Uccello tienen el sabor de una búsqueda que no era la de Leonardo. Las rocas de Leonardo sólo pueden haber sido hechas por alguien capaz de poner en los rostros esa delicada esfumatura. Las perspectivas de los pintores de la Edad Media pueden ser insatisfactorias para quien exalta a Rafael como el canon, pero describen bien el mundo en que vivían aquellos artistas, y hay que estar inscritos en otras expectativas humanas e históricas para alcanzar las perspectivas verticales de Tiépolo o la minuciosidad hasta los últimos planos de los pintores prerrafaelitas.

El cine es un arte muy reciente y es posible que todavía estemos asistiendo a su invención. Pasar de las cámaras fijas a las móviles, de los planos generales a los primeros planos, de las panorámicas a la fascinación de los detalles, de la narración reposada a la sucesión temporal descuartizada por cortes vertiginosos, bien pueden ser las primeras sílabas de un lenguaje que nace.

4

Es bueno preguntarse por las posibilidades de cada lenguaje del arte. Yo sospecho que los escritores a los que es más difícil trasladar al cine son aquellos en los cuales la música verbal es definitiva para sus tramas y sus atmósferas. Pienso en Flaubert y me digo que es alguien a quien le interesa, cómo decirlo, en cierto modo la invisibilidad de las palabras. No digo que la logre, pero él se propone que las palabras sean las cosas, que uno no note demasiado que está usando palabras, y tal vez por ello lo preocupaba tanto la idea del *mot juste*, de la palabra precisa. En cambio es evidente que Góngora no busca la invisibilidad de las palabras, más bien parece buscar que sólo las palabras existan. Deben significar también algo, pero eso es casi secundario para él:

Estas que me dictó, rimas sonoras | culta sí aunque bucólica Talía | —¡oh excelso conde!—, en las purpúreas horas | que es rosas la alba y rosicler el día, | ahora que de luz tu Niebla doras, | escucha, al son de la zampoña mía, | si ya los muros no te ven de Huelva peinar el viento, fatigar la selva. Templado, pula en la maestra

mano / el generoso pájaro su pluma, / o tan mudo en la alcándara,
que en vano / aun desmentir el cascabel presuma; / tascando haga
el freno de oro, cano, / del caballo andaluz la ociosa espuma; / gima
el lebrel en el cordón de seda / y al cuerno, al fin, la cítara suceda.

Esos versos son hechos verbales, golpes auditivos, a
Góngora le importa menos lo que imaginamos que lo que
oímos. Está buscando el hecho literario puro, a diferencia
de los relatos policíacos, donde lo que nos importa son los
hechos, y a diferencia de la ciencia ficción, donde nos
importa más el contraste entre el mundo que nos muestran
y el mundo en que vivimos.

Grandes poetas han logrado ser excelentes proveedores
de personajes y argumentos cinematográficos e incluso de
guiones. El caso más notable es el de Shakespeare, para
quien parece que hubiera sido inventado el cine. No sé
cuántas versiones he visto de *Hamlet*, de *Macbeth*, de *Romeo
y Julieta*. Pero Shakespeare se ha vuelto tan importante para
el cine por varias razones: porque sus argumentos son nítidos, porque la tensión narrativa, el hilo de la intriga no
decae jamás, porque para él como para pocos cada momento quiere ser el más importante, y finalmente porque tiene
una gran intuición dramática para saber siempre qué hay
que mostrar y qué hay que decir. Muchos de los paisajes y
de los grandes elementos visuales de su obra son verbales,
pero es bueno entender que ello no se debe sólo a las limitaciones del escenario. Algunos espacios de Shakespeare
pueden ser mejor interpretados por el cine que por el teatro, claro, pero muchos de ellos logran mejor su efecto
como hechos verbales.

Pienso por ejemplo en el modo como dos personas distintas, el rey Duncan y Lady Macbeth, miran los tejados del castillo en la tarde que precede al crimen y ven cosas completamente distintas. El rey, que no presiente la traición, observa que el aire en las almenas es dulce y que en ellas anidan las golondrinas; ella, que tiene el alma llena de intenciones sombrías, ve cuervos graznando en la sombra. Ese sería un efecto estupendo en términos cinematográficos, aunque verbalmente cumple bien su función. También es posible contrastar el mundo que ven los otros personajes con el mundo que ve el príncipe Hamlet, atormentado por sospechas y rencores, y para quien toda Dinamarca se convierte en un miasma pestilente. En *La tempestad* unos mismos espacios difieren cuando los describe Calibán o cuando los describe la bella Miranda. Shakespeare juega ese juego maravilloso de los puntos de vista, las cosas son distintas dependiendo de quien las ve, y ese es un experimento que el cine que conozco no se ha propuesto con verdadera eficiencia. El comienzo de *Enrique V* traviesamente invoca al público para que colabore con su imaginación a la ejecución plena de la obra, y recurre a la literatura para crear todo aquello que su escenografía no está en condiciones de proveer. Estos consejos deberían ser escuchados con mucha atención por nuestro cine, que por fortuna no puede rivalizar con los absurdos presupuestos de Hollywood, y debe saber usar cuando es preciso la palabras a cambio de los millones.

El cine no es sólo un arte visual sino un arte combinatorio, y también la palabra forma parte de él. Hay grandes directores que han aprendido bien el arte de no mostrar algunas cosas sino de hacer que los personajes aludan a ellas o las entreguen verbalmente. No hace mucho vi una película sobre el destino de dos hombres que fueron enemigos en la guerra y vuelven a verse, ya en su ancianidad. Tienen la intención de no verse el uno al otro como víctimas o verdugos sino como instrumentos del espíritu de una época que ya pasó. Y las mayores atrocidades no nos son mostradas sino que se nos cuentan, incluso con reticencias que parecen agravarlas. El efecto es poderoso. Esto lleva a pensar en los límites de la representación: no siempre es más eficaz mostrar el canibalismo que nombrarlo, y se diría que a la hora de mostrar el mundo el arte exige realismo, no realidad.

No se trata sólo de lo atroz: también lo maravilloso suele ser trasmitido mejor por las palabras. Y Shakespeare sabe darnos buenos ejemplos, como la historia de la reina Mab, en *Romeo y Julieta*. Un director puede escenificar esas atmósferas fantásticas y poner en acción a esos personajes de cuento de hadas (Shakespeare mismo lo hizo con gracia en *Sueño de una noche de verano*), pero en *Romeo y Julieta*, por razones que él sabría bien, prefirió poner a su personaje favorito a contar verbalmente esa leyenda, y el efecto es magnífico. El relato verbal contiene toda la magia y no corre el riesgo de perder algo esencial, pero también por ser contada así, la historia de sueños de la reina Mab no es un hecho autónomo, sino que permanece en nosotros unida al destino de Mercucio, el primero de los amigos de Romeo en ser alcanzado por la muerte, el primero que se convierte en sueño.

Llego por fin, y para concluir, a las obras de García Márquez. Hay algunas novelas suyas que no me parece imposible en términos estéticos convertir en buenas películas. Pienso en primer lugar en *El general en su laberinto*, cuyo orden secuencial, cuya intensidad psicológica, cuya relativa sencillez escénica, cuyo *crescendo* dramático, unido a la nitidez de los personajes centrales, y cuyas interpolaciones de la memoria ofrecen un tejido muy adecuado para el cine, y cuyo protagonista tiene suficiente magia en la mente del público para suscitar interés. Igual de importante es que no abunda en lo que más creemos saber de Bolívar, sus sueños, sus batallas, su aureola romántica, sino que se detiene en su declinación y su derrota. Bien dijo Emily Dickinson que tal vez sólo el derrotado entiende la verdadera medida de la victoria. La otra es *Del amor y otros demonios*. Tan altamente sugestiva por su existencia fronteriza entre dos mundos, el mundo de los blancos y el de los negros. Es la misma frontera de *Luz de agosto*, de Faulkner, y el tema termina siendo el mismo, cómo el ser que encarna la fusión entre los dos mundos termina despertando un odio incontenible y es sacrificado. Es una novela hecha para demostrar que lo que para los negros es la vida para los blancos es el mal, y maneja símbolos aún más atractivos que los de Faulkner. Habría que moderar al máximo lo mágico, lo sobrenatural y lo fantástico, precisamente porque la historia es tan intensamente humana, tan peligrosamente humana, que no necesita ser descabellada.

Hay relatos de García Márquez, en cambio, cuya virtud es profundamente verbal. A mí me importan menos las aventuras y las desventuras de Blacamán que el tono de su voz. No me resigno a una historia de Blacamán el bueno vendedor de milagros que no comience así: "La primera vez que lo vi me pareció una mula de monosabio, con sus tirantes de terciopelo pespunteados con filamentos de oro". La diablura está menos en los hechos que en el tono de la voz del que narra. En ese caso podemos decir que la aventura es sintáctica. No significa ello que no se pueda narrar cinematográficamente, significa que hay que lograr el equivalente de esa voz, de esa magia, o crear un mundo en el que esa voz y esa magia puedan vivir de un modo irrestricto.

7

Hablar de una posible versión cinematográfica de *Cien años de soledad* exige una comparación. Yo diría: si es posible hacer cine a partir de la Biblia, si es posible hacer cine a partir de *Las mil y una noches*, si es posible hacer cine a partir de *Las aventuras del barón de Münchhausen*, será posible hacer cine a partir de *Cien años de soledad*. Pero en los cuatro casos hay que tener plena conciencia de que es más fácil hacer cine con fragmentos de esas obras. Hay una película sobre los diez mandamientos de Moisés. Podría hacerse una sobre la conmovedora historia de José y sus hermanos, bien en su versión bíblica, austera y poderosa, bien en su versión alemana, la tetralogía de Thomas Mann abigarrada, fastuosa y narrada por los ángeles mismos. La historia de Judas Macabeo podría ser una saga tan exitosa como *El Señor de los Anillos*. La historia patética y violenta del joven Saúl que buscando las asnas de su padre por los caminos se encontró con la corona de Israel, y la historia del joven que tocaba el arpa para apaciguar las cóleras de ese rey desdichado, y que terminó siendo un rey aún más grandioso, harían sin duda una película memorable. Y ya se sabe cuánto trabajo le han dado al cine las obras de Mateo, Marcos, Lucas y Juan, en variaciones complejas como la de Pasolini, crudas como la de Mel Gibson y provocadoras como la de Scorsese.

Cien años de soledad es la historia de un mundo y está compuesta, se diría, de muchas historias particulares. Quiero recordar un momento que me conmueve de una manera especial. Es aquel en que el joven José Arcadio, quien acaba de enterarse de que va a ser padre, trata de escapar a la tremenda responsabilidad del hecho, y encuentra en una carpa a una gitana que se convierte en su refugio y en su camino hacia la fuga. Esta borrosa gitana, "una ranita lánguida, de senos incipientes y piernas delgadas", es el opuesto exacto de la mulata Pilar Ternera, a quien José Arcadio necesita olvidar. La otra era sensual y excesiva, y su risa espantaba a las palomas; de ésta el autor puede decirnos, con su gracia de siempre: "La gitana se deshizo de sus corpiños superpuestos, de sus numerosos pollerines de encaje almidonado, de su inútil corset alambrado, de su carga de abalorios, y quedó prácticamente convertida en nada". El novelista no se detiene en largos análisis del estado del alma del muchacho, no nos dice que en el momento de seducir a la gitana su espíritu está lleno a la vez de escrúpulos y de sentimientos de culpa, pero nos permite adivinarlo, por un procedimiento inusual en la literatura: mediante una especie de contrapunto entre las figuras del primer plano y lo que ocurre en el fondo de la escena. De un modo harto cinematográfico, mientras José Arcadio se estrecha contra la espalda de la gitana para impresionarla y seducirla, vemos en el fondo "el triste espectáculo del hombre que se convirtió en víbora por desobedecer a sus padres".

Sin duda, García Márquez no se propone hacernos sentir que ese fondo traduce el estado de ánimo del personaje, tal vez sólo ha sentido la necesidad de pintar allí un espectáculo a la vez pintoresco y terrible, pero la seducción de la gitana por el adolescente atormentado queda unida en nuestra imaginación al episodio triste y monstruoso del hombre víbora, y dado que convertirse en animal o llegar a poseer un atributo animal es en esta novela uno de los más persistentes nombres de la culpa, nada impedirá que por un recurso visual memorable un sentimiento de culpa esté en el fondo de esta seducción. Poco después, en el momento en que la gitana accede, cuando se define el nuevo destino de José Arcadio, quien dos días más tarde se irá con los gitanos, el espectáculo ha cambiado, y ahora es "la prueba terrible de la mujer que tendrá que ser decapitada todas las noches a esta hora durante ciento cincuenta años, como castigo por haber visto lo que no debía".

8

Los elementos prodigiosos no son aquí caprichos sino un poderoso lenguaje condensado que trae riqueza e intensidad a la acción. Estos contrapuntos entre el primer plano y el fondo, contrapuntos pictóricos, abundan en la novela, y están siempre cargados de significación. Una versión cinematográfica de *Cien años de soledad*, harto improbable pero no imposible, exigiría una permanente atención sobre esos juegos de planos, sobre la mágica nitidez de sus texturas y de sus profundidades.

Cuando regresa, años después, José Arcadio se ha convertido en otro. No es una convención. Suele decirse que los viajes cambian a los hombres, pero García Márquez no se limita a mostrar los cambios que se han operado en el mismo personaje: prefiere de un modo mágico mostrarnos a José Arcadio físicamente como otro hombre. Desmesurado, cambiado en una suerte de ogro tierno, con una fuerza descomunal, con el cuerpo tatuado, no parece ya del todo humano, parece haberse transformado en uno de esos espectáculos que exhibían los gitanos con los que se fue. Muchas páginas después es su madre Úrsula quien perfecciona ese cambio, en el capítulo tremendo de su vejez, cuando gracias a la ceguera se le hace perceptible la forma del destino de sus hijos. Allí evoca a José Arcadio volviendo de su largo viaje "pintado como una culebra", y en ese momento sentimos que el espectáculo que vio el muchacho en el momento de romper con su mundo original fue como una prefiguración de su destino, de su desarraigo, de su extrañamiento, de la distancia que habría ya para siempre entre él y los suyos. Así obran estas magias por contagio, hay aquí una manera de pensar y de sentir que no es en rigor occidental, que se resuelve en imágenes y en variaciones, como aureola o resplandor de los hechos centrales. Se diría que hay algo de estirpe indígena en este modo de presentar los hechos y de no resolverlos mediante argumentaciones, digresiones y teorías, sino mediante trazos y figuras que satisfacen a un tiempo el sentimiento y la imaginación. García Márquez pertenece a un mundo profundamente influenciado por ese pensamiento mágico, pero suele repetir que a pesar de saber muy bien cómo era la historia, o el río de historias que pensaba narrar, encontró con claridad su tono y la certidumbre de sus recursos cuando leyó *Pedro Páramo*. Tal vez lo afectó allí la libertad con que Rulfo se deja influir por el viento de las voces campesinas, por el modo de estos sueños americanos, por la persistencia en la vida cotidiana de los mitos profundos de su pueblo.

9

Así, en *Cien años de soledad* nada sabemos de la singular relación que hay entre la madre, Úrsula Iguarán, y su hijo mayor, José Arcadio, hasta el día en que este decide abandonar el pueblo, enrolado en la tropa de los gitanos. En cuanto se da cuenta de su ausencia, Úrsula sale en su búsqueda y abandona todo lo demás, su marido, su casa, sus otros hijos, dejando de ser el centro de gravedad de su mundo. José Arcadio es el primer nativo que se marcha del pueblo y se da al mundo distante con el que su padre siempre ha soñado. Yendo tras él, Úrsula llega a sentirse tan lejos que ya ni piensa en regresar, y encuentra al fin el camino hacia el mundo que todos los hombres del pueblo habían buscado en vano. Años después, el hijo regresa transformado por la ausencia, cruza el pueblo y la casa y avanza sin detenerse por los pasillos y los cuartos saludando con parquedad a quienes ve, pero sólo siente que ha llegado al final de su viaje cuando encuentra a Úrsula. Está desandando el camino de su fuga, el camino por el cual su madre lo había seguido, y sólo se detiene al llegar nuevamente hasta ella. Ese doble movimiento que primero nos revela la importancia que tiene para ella este hijo, y después la importancia que ella tiene para él, muestra el lazo invisible e invencible que los une y que nunca delataron sus diálogos.

Y es por este dibujo secreto, intensamente trazado en nosotros por el relato, es por ese surco entre ambos que, sin saberlo, estamos dispuestos a creer uno de los episodios fantásticos más poderosos de la novela, aquel en que un hilo de sangre sale del hijo muerto, va recorriendo pasillos y calles y andenes, y no se detiene hasta encontrar a Úrsula y llevarle el mensaje de la muerte. De nuevo vemos el movimiento contrario, y es ella ahora quien siguiendo el hilo encuentra al final el cadáver de su hijo. Este dibujo ancestral del hilo de sangre que busca su fuente es una de las imágenes más bellas y memorables de la novela, y sospecho que nuestra mente la hospeda con tanta facilidad y gratitud porque no es un trazo arbitrario sino una necesidad de la historia; nos muestra poderosamente, con el poder de la poesía y del mito, la inexpresada relación del hijo con la madre, el lazo de la sangre materna convertida en camino del hijo, sendero de sus fugas y de sus retornos, de su soledad y de su muerte.

10

Algo en la moderna novela occidental ha tendido a abandonar los juegos libres de la imaginación, a subordinar las historias a las ideas y a abundar en tesis y en teorías. Desde las minuciosas reflexiones de Dostoievski sobre los motivos de la conducta humana, pasando por la sobreabundancia de propósitos intelectuales del infinito *Ulises* de James Joyce, hasta el tono ensayístico de muchas novelas de Thomas Mann, la narrativa procuró a menudo abandonar el viejo hábito de soñar libremente, de dar vuelo a la imaginación y de permitir que lo fantástico y lo real se combinaran a su antojo. Ese había sido el espíritu de las epopeyas clásicas, de las historias del ciclo de Bretaña, del *Cantar de los Nibelungos*, de la *Comedia* dantesca y del *Orlando furioso*. Y, por supuesto, ese es el espíritu de las dos obras orientales que más han influido en nuestra civilización: la Biblia y *Las mil y una noches*. Algo de la Biblia y de *Las mil y una noches* dura en *Cien años de soledad*, aunque por supuesto transfigurado por una enorme capacidad de invención. Gabriel García Márquez solía decir a sus amigos que aquella novela torrencial que estaba escribiendo era una suerte de Biblia, y la verdad es que algunas cosas en ella se le asemejan. No sólo su insistente tema familiar, la sucesión de los linajes, la exploración de las redes del parentesco, de sus tentaciones y de sus peligros, sino el hecho central de que la novela, como la Biblia, va inexorablemente de su génesis a su apocalipsis. Macondo es el resultado de una travesía, de un comienzo nutrido por los mitos del Éxodo y del Diluvio, pero sembrado en una tierra nueva, y marcado, como todo comienzo mítico, por una culpa, por la conciencia de un crimen original. Se nutre también del tema de una escritura profética, de un texto que prefigura la realidad y que en las últimas páginas se confunde con ella. Las destrucciones y desintegraciones a las que nos someten las últimas páginas ocurren a la vez en el pueblo y en los pergaminos que Aureliano Babilonia apresuradamente descifra, y son la metáfora angustiosa del libro que se está agotando en nuestras manos. Ahí está nuestro génesis: el padre mítico atado al árbol que es a la vez toda la sabiduría y toda la locura; la madre mítica exaltada en el centro de gravedad de su universo; el mundo americano surgiendo bajo la forma de una geografía desmesurada y hostil, deslumbrante y embrujada; "aquel paraíso de humedad y silencio anterior al pecado original", donde "los machetes destrozaban lirios sangrientos y salamandras doradas" y donde los hombres avanzaban "alumbrados apenas por la tenue reverberación de los insectos luminosos y con los pulmones agobiados por un sofocante olor de sangre".

Lo que más asombró al barón Alexander von Humboldt en su viaje por la América ecuatorial fue la imposibilidad de encontrar como en Europa bosques de una sola especie, porque en cada pequeño espacio proliferaban decenas de especies distintas. Lo que mejor ilustra la pertenencia de García Márquez a este universo tropical es la abundancia febril de las formas de su imaginación; no sólo la vivacidad de los elementos y la intensidad del color, eso que Chesterton llamaría, hablando del origen criollo de Robert Browning, "una teoría de orquídeas y de cacatúas", sino incluso la tendencia continua de *Cien años de soledad* a contrastar distintas etapas de la metamorfosis de los hechos y de las cosas. Un estudio de las mutaciones y las carcomas del tiempo, una voluntad de ver el mundo no en su quietud y en su eternidad sino en el caleidoscopio de sus transformaciones incesantes. En esta obra nada permanece, todo está cambiando ante nuestros ojos, la sucesión de los nombres con ligeras variaciones no es un juego de ingenio sino un énfasis adicional sobre las costumbres del tiempo que hace surgir a los seres humanos como a las generaciones de los pájaros y de las mariposas, que prodiga el polen y la simiente vital sólo para mostrar, para ostentar ante nadie el milagro de su fecundidad, y que con la misma abundancia prodiga a la vez los daños y las destrucciones.

Desde el primer momento, el recurso central de la novela es el desplazamiento en el tiempo, que muestra al narrador como un ser capaz de abarcar la sucesión de los hechos y la plenitud de las edades, y nos hace sentir la afinidad de la novela misma con el tono profético de los pergaminos del gitano. La coexistencia de todos los tiempos nos conmueve sin tregua con el espectáculo sucesivo y casi simultáneo del esplendor y la decadencia, la plenitud y la decrepitud de seres y cosas. La volvedora fórmula "muchos años después" nos lleva y nos trae sin cesar al antojo de la memoria mostrándonos la inconstancia de las cosas, la fragilidad de la belleza, lo tornadizo de toda fuerza, de toda prosperidad, de toda plenitud. Ahí está Macondo en uno de sus momentos iniciales, ordenado y pleno, brillando bajo un sol bien repartido, mientras el concierto de los relojes en toda la aldea alcanza "la culminación de un mediodía exacto y unánime con el valse completo", un pueblo donde se siembran almendros en vez de acacias y donde alguien descubre "el método para hacerlos eternos", pero gracias al conjuro central vemos surgir de inmediato lo que sería "muchos años después": "un campamento de casas de madera y techos de zinc, (donde) todavía perduraban en las calles más antiguas los almendros rotos y polvorientos, aunque nadie sabía entonces quién los había sembrado". Juegos con el tiempo del presentimiento y de la evocación vuelven y vuelven sin cesar. El rejuvenecido Melquíades se quita la dentadura postiza, "un instante fugaz en que volvió a ser el mismo hombre decrépito de los años anteriores", y después sonríe de nuevo "con un dominio pleno de su juventud restaurada".

Al autor no le basta mostrarnos cómo vieron los viajeros al despertar este espectáculo asombroso: "Frente a ellos, rodeado de helechos y palmeras, blanco y polvoriento en la silenciosa luz de la mañana, estaba un enorme galeón español. Ligeramente volteado a estribor, de su arboladura intacta colgaban las piltrafas escuálidas del velamen, entre jarcias adornadas de orquídeas. El casco, cubierto con una tersa coraza de rémora petrificada y musgo tierno, estaba firmemente enclavado en un suelo de piedras. Toda la estructura parecía ocupar un ámbito propio, un espacio de soledad y olvido, vedado a los vicios del tiempo y a las costumbres de los pájaros. En el interior, que los expedicionarios exploraron con un fervor sigiloso, no había nada más que un apretado bosque de flores".

Como si este relato no le pareciera suficientemente asombroso y deleitable, se permite mostrarnos, seis líneas después, el mismo lugar transfigurado por los años y convertido en un cuadro de muy distinta belleza: "Muchos años después, el coronel Aureliano Buendía volvió a atravesar la región, cuando era ya una ruta regular del correo, y lo único que encontró de la nave fue el costillar carbonizado en medio de un campo de amapolas".

Es uno de sus secretos: mientras la magia en los relatos clásicos suele ser instantánea, un momento que rompe las leyes de la lógica o de la física, la suya nos muestra la persistencia del hecho mágico en el tiempo y con ello le confiere un grado de verdad que vence nuestro escepticismo. No nos dice, como en los cuentos de hadas, que un hombre se convirtió súbitamente en otra cosa; nos muestra a alguien interrogando a un gitano armenio que acaba de tomarse un jarabe para hacerse invisible, nos dice que "el gitano lo envolvió en el clima atónito de su mirada, antes de convertirse en un charco de alquitrán pestilente y humeante sobre el cual quedó flotando la resonancia de su respuesta", y después de contar cómo la gente se dispersa lentamente atraída por otros espectáculos, vuelve la vista vigilante, hasta que "el charco del armenio taciturno se evaporó por completo". Esa magia que sigue el proceso es la misma convincente magia mediante la cual Dante nos muestra cómo en el infierno, abrazados un hombre y una serpiente, gradualmente el hombre se va convirtiendo en serpiente y la serpiente en hombre, y que le permite añadir que se parecen al papel que está siendo devorado por el fuego, y a esa zona donde ya la blancura ha desaparecido pero que todavía no es negra.

Su afinidad con la Biblia es esa tradición de la escritura que busca su libro absoluto, pero su afinidad con Scheherezada está en que *Cien años de soledad* es fruto de una cultura intensamente oral. Es significativo que el autor reitere que para escribirlo se inspiró en el tono de la voz de su abuela, que narraba con reposada convicción los hechos más increíbles. Uno de los padres míticos de García Márquez es Francisco el Hombre, el juglar que derrotó al diablo en un duelo de improvisación de cantos. La música de su tierra natal está enriquecida por el tono narrativo y noticioso, y el periodista García Márquez tiene siempre la actualidad en la punta de la lengua, como esos cantos de sus pueblos del valle y de las ciénagas. La música es un asunto central en esta novela, su sintaxis responde a un ritmo sutil y eficaz, García Márquez compone sus obras con minuciosidad de artesano y, como decían de Cervantes, "con oído de músico callejero". Sus páginas casi reclaman ser leídas en voz alta, como la poesía, y satisfacen esa exigencia con una sonoridad extraordinaria y una fluidez poco usual en nuestras letras. Aquí también la verosimilitud es asunto de ritmo, las cosas son verdaderas por cumplir un papel necesario en el conjunto, por ingresar en la armonía.

Auden habla de la extrañeza que siempre le produjo en la obra de Shakespeare el hecho de que, cuando Lear enloquece, el bufón desaparece. Siendo uno de los personajes más importantes y más memorables, parece un desperdicio o una distracción esa desaparición repentina e inexplicada. Pero esa extrañeza le permitió a Auden llegar a una notable conclusión: el hecho pudo no haber sido consciente, o pudo obedecer a esos asuntos de orden práctico que no existen para los escritores solitarios pero sí para un dramaturgo enfrentado a las limitaciones cotidianas del teatro, pero Shakespeare tenía un profundo sentido de la coherencia y de la armonía, y en realidad la desaparición del bufón es una necesidad de la historia. El bufón es el principio de realidad del rey, pues es el único que se atreve a decirle la verdad. Loco el rey, el bufón no tiene función en la historia, pues el rey ha perdido su principio de realidad. El bufón era la cordura del rey; ahora, de algún modo, el rey es ya el bufón.

13

En la obra de García Márquez yo siento a menudo esa poesía de la necesidad, esa irrupción de episodios, de personajes y de fenómenos que vienen a satisfacer una expectativa creada por el ritmo de la historia y que nos producen la sensación profunda de que algo ha llegado a su plenitud. Al comienzo todo es arraigo y encierro, en todo se siente la opresión de la familiaridad, y lo único aparentemente extraño se manifiesta como magia y espectáculo: son las fanfarrias cíclicas y teatrales de los gitanos. Pero algo en el tono empieza a sentir la necesidad de seres humanos que vengan de un mundo distinto. La búsqueda de un camino hacia el mundo exterior había sido una de las obsesiones del patriarca de los Buendía, y finalmente su hijo ha podido alejarse, aunque ciertamente no llevado por la curiosidad sino por la necesidad de huir, no atraído por el mundo exterior sino expulsado por el propio. Yo quiero evocar aquí al primer ser verdaderamente forastero que llega a la novela, quiero decir, a la desolada e inolvidable Rebeca Buendía. Su papel es el de la muchacha adoptada que llega a formar parte de la familia, pero que no pierde jamás su condición de ser ajeno y extranjero. Está en ella, y en la relación de los otros con ella, ese vértigo de los orígenes oscuros e incluso el desamparo de lo que carece de origen. Rebeca viene de otro mundo, pero la realidad de la novela la necesita, y por eso antes de aparecer físicamente aparece como un presentimiento. La frase con la que Aureliano afirma su presagio es de una extraña belleza:

—No sé quién será, pero el que sea ya viene en camino.

La aparición de esta niñita es de una intensidad extraordinaria. Llega con "un talego de lona que hacía un permanente ruido de cloc cloc cloc, donde llevaba los huesos de sus padres". La carta que trae sirve más para confundir que para aclarar. El remitente es tan desconocido como los personajes a quienes corresponden los huesos, la procedencia de la carta es incomprensible, la amistad invocada, inexistente, el origen, Manaure, inexplicable, la niña, inexpresiva. Pero esa tenaz acumulación de sinsentidos produce el efecto de un hecho indudable, y el exceso de inverosimilitud produce ya lo verosímil. La familia la acoge, y como un esfuerzo adicional por darle un lugar en el orden del mundo, ya que Rebeca parece flotar sobre el vacío absoluto, Aureliano tiene la paciencia de leer frente a ella todo el santoral sin conseguir que reaccione ante ningún nombre. Trae, sin embargo, "un escapulario con las imágenes borradas por el sudor y en la muñeca derecha un colmillo de animal carnívoro montado en un soporte de cobre como amuleto contra el mal de ojo". Esa posición fronteriza entre un vago universo cristiano y el universo mágico tropical, unida a su silencio ausente que llega a hacer pensar a todos que es sordomuda, definen a Rebeca de un modo pleno. Sentimos que está en la frontera de todo, que no pertenece a sitio alguno, que no responde a ningún nombre. En vano más tarde ante ciertos estímulos dará muestras de gracia, de inteligencia, de laboriosidad y de refinamiento: desde el comienzo, Rebeca no tiene lugar en el mundo, cada vez que un hecho poderoso la conmueva volverá a ser esa criatura inerme y muda que se alimenta de tierra y que se encoge a solas en los rincones, pasará por la novela como uno de los seres más patéticos, el más solitario tal vez en un mundo de solitarios, y la veremos perderse al final en la misma niebla de lo olvidado y de lo inconcluso. ¿Cómo extrañarnos entonces de que sea precisamente ese ser que no tiene pasado el que trae para todos el olvido? Es Rebeca, por supuesto, quien trae al pueblo el contagio de la peste del insomnio.

14

La novela está tejida de numerosas correspondencias y de simetrías, y es posible encontrar en ella, en lecturas más lentas y deleitables, muchos dibujos que escapan a la mirada inicial. Pero cuando uno ya conoce aproximadamente la historia, cuando deja de estar cautivo de las peripecias, del destino vistoso o tremendo de cada personaje, de las perplejidades y los exabruptos y las bromas y los milagros que mantienen la intriga y que van desovillando ese siglo de extravagancias y de soledades, también puede empezar a detenerse en la minuciosidad del tejido. Ya no estamos todo el tiempo tratando de entender las claves de la locura de José Arcadio Buendía, conmoviéndonos ante su amistad final con Prudencio Aguilar, buscando desentrañar el nudo negro del corazón de Amaranta o imaginando la canción última de Pietro Crespi; ya no estamos tratando de imaginar el estilo en que estaban escritos los pergaminos de Melquíades ni descifrando los rencores de Rebeca, los escrúpulos de Fernanda del Carpio, la voz imperceptible de Santa Sofía de la Piedad, los laberintos del alma de Úrsula o la soledad epigonal de Aureliano Babilonia, y podemos deleitarnos también con el tejido de circunstancias, de frases memorables, de episodios menudos, con los mil y un recursos de armonía que hacen de *Cien años de soledad* uno de los libros más bien escritos, más bien soñados, más gozosa y minuciosamente imaginados de la literatura.

Vemos un gitano corpulento de barba montaraz y manos de gorrión, y las pailas arrastrándose en desbandada detrás de los fierros mágicos de Melquíades, y en una armadura del siglo XV soldada por el óxido un esqueleto calcificado que lleva al cuello un relicario de cobre con un rizo de mujer; vemos un hombre que navega por mares incógnitos, visita territorios deshabitados y traba relación con seres espléndidos sin necesidad de abandonar su gabinete; vemos a una mirada asiática que parece conocer el otro lado de las cosas, un chaleco patinado por el verdín de los siglos, una sabia exposición sobre las virtudes diabólicas del cinabrio, y el alambique de tres brazos de María la Judía; vemos treinta doblones en una cazuela fundidos con raspadura de cobre, oropimente, azufre y plomo, y nos reímos viendo una mezcla trabajada con el mercurio hermético y el vitriolo de Chipre y vuelta a cocer en manteca de cerdo a falta de aceite de rábano. Como alguna vez en la historia de América, vemos a alguien que traza un mapa con rabia, exagerando de mala fe las dificultades de comunicación, vemos un gigante de torso peludo y cabeza rapada, con un anillo de cobre en la nariz y una pesada cadena de hierro en el tobillo, custodiando un cofre de pirata, vemos el cuerpo de Melquíades abandonado al apetito de los calamares. Vemos capítulos en los que el autor pasa de las complejidades de la muerte a las complejidades del deseo, y logra mostrar tanta inventiva y tanta intensidad en el trato de lo lúgubre como en los matices de la voluptuosidad. Vemos esa destreza literaria que le permite decir: "Los goznes soltaron un quejido lúgubre y articulado, que tuvo una resonancia helada en sus entrañas". Cualquiera sabe enseguida qué es un quejido lúgubre y articulado, cómo es una resonancia helada en las entrañas, pero sólo la poesía sabe decirlo así.

15

Eso es finalmente la poesía de esta novela, esa virtud de no
agotarse en sólo grandes tramas y tremendas historias, sino
poder hablar continuamente a la sensibilidad, prodigar esas
revelaciones, esos detalles, esas sorpresas que nos hacen
sentir en presencia de la vida en una forma compleja y ri-
quísima. Cada vez que abrimos la novela ocurren innumerables cosas que no parecían haber ocurrido antes: la palabra
Macondo es dictada por un sueño; una fecha de nacimiento
queda reducida al último martes en que cantó la alondra en
el laurel; a Aureliano se le cae el anillo en la boda y tiene que
detenerlo con el pie; a Rebeca a su vez en la noche de bodas
le pica el pie un alacrán que se le había metido en la pantufla,
y pasa la luna de miel con la lengua entumecida; Pietro Crespi se enjuga la frente con un pañuelo impregnado de esplie-
go; Úrsula prepara un brebaje de acónito para llamar al
sueño; José Arcadio le acaricia los tobillos a Rebeca con la
yema de los dedos; Amaranta y sus amigas ven pasar a alguien paralizadas con las agujas en el aire; Remedios refuer-
za el cobertizo de palma del patriarca loco con lonas impermeables en tiempo de tormenta; Amaranta conspira un
chorro de láudano en el café de Rebeca; la corona de aza-
hares aparece pulverizada por las polillas; un platillo de cobre suena por todas partes; Amaranta le arranca a su novio
los hilos descosidos en los puños de la camisa; vemos un
cuchitril oloroso a telaraña alcanforada; el padre Nicanor
trata de impresionar a las autoridades con el milagro de la
levitación, y un soldado lo descalabra de un culatazo.

Todos esos detalles circunstanciales tan nítidos y tan
significativos tejen esta historia. No sabemos plenamente

si la virtud de la novela está en sus hechos o en su cadencia, en el ritmo de las palabras, porque de verdad lo que ocurre es tan encantador como la manera como se nos cuenta. Es posible que convertir esas descripciones en hechos visibles les arrebate su fuerza incantatoria, pero es posible también que si se logra la atmósfera de exuberancia y de desparpajo, la vistosidad de los elementos y lo desconcertante de los desenlaces, una película se aproxime al misterio de esta obra extraordinaria. Y, como lo decía de la Biblia, también podemos pensar que *Cien años de soledad* se desagregue en películas distintas: la soledad de Rebeca Buendía; la historia de la bella Remedios, de la que su familia dijo que había ascendido al cielo en cuerpo y alma para que los vecinos no supieran que se había fugado con un camionero; las andanzas del gitano Melquíades, que volvió a la vida porque la muerte le había parecido muy triste, y que dejó escrito todo lo que los demás van viviendo; la fábula del libro mágico que alguien trata de leer saltando las páginas para saber en qué concluye el huracán que lo está arrastrando.

Eso para no contar las historias que pueden inventarse en el cine a partir de esta novela: a lo mejor, todo lo que ocurre no es más que el delirio de José Arcadio Buendía amarrado al castaño, o los recuerdos de una anciana ciega con la que los niños juegan como si fuera una muñeca. Lo único que puede malograr el sueño es hacer una película realista, con seres de verdad en atmósferas convencionales: creo que todo tendría que estar ligeramente alterado, deformado, las formas y los colores tienen que escapar un poco a la tiranía de lo real. No es una crónica de nuestro mundo, es la crónica de un minucioso mundo paralelo, visto en espejos luminosos pero ligeramente deformantes, donde la gente puede ver lo que los otros sueñan, donde las puertas que comunican los mundos de los vivos y de los muertos están abiertas, donde uno nunca está muy seguro de si está despierto o está soñando.

(Ensayo ampliado para una presentación en el Festival de Cine de Santafé de Antioquia.)

BORGES Y GINEBRA

Si Buenos Aires fue la ciudad de su niñez, Ginebra fue la ciudad de su adolescencia. Allá nació el lector y aquí nació el poeta. Borges se había educado en la biblioteca de su padre, en el barrio Palermo; allí conoció a Stevenson y a Oscar Wilde, de quien tradujo un cuento cuando tenía diez años; allí se deleitó con los terrores de Edgar Allan Poe, y allí conoció también no sólo los libros de la literatura argentina sino a los hombres: a Macedonio Fernández, a Almafuerte y a Evaristo Carriego.

Él mismo nos dijo que al comienzo no sabía que hablaba dos lenguas distintas: pensaba que eran apenas la manera de relacionarse con dos abuelas diferentes. Pero dos tradiciones literarias le habían llegado por la sangre, las dos grandes lenguas de América, la lengua castellana, "el bronce de Francisco de Quevedo", y "el inglés de aquella Biblia que su abuela leía frente al desierto".

Había nacido en una frontera abierta al mundo: en los años previos a su nacimiento, Argentina, el enorme país casi deshabitado, se había ido llenando de inmigrantes, y esa infancia de fábulas en inglés y en español debió de estar rodeada también por el rumor del italiano y del portugués, del polaco y del ruso.

Tenía quince años cuando llegó con su familia a Ginebra. Alguna vez dijo con ironía que sabían tan poco de historia universal que escogieron para llegar a Europa precisamente el año 1914.

Uno podría citar al poeta Housman y decir que llegaron a Ginebra *in the day when heaven was falling* (en aquel día en que se caía el cielo), pero también les tocó la fortuna de estar rodeados por la guerra y casi no sentirla. O tal vez sentirla de otra manera, como encierro y como acechanza, como tristeza que cargaba la atmósfera, como espacio donde se refugiaban los sueños y las voces. Borges llegó a pensar que lo que más recordaría de Ginebra sería ese sentimiento de encierro y las lloviznas interminables. En una nota autobiográfica de 1926, dice: "He estudiado en Ginebra durante el triste decurso de la guerra y en 1918 fui a España con mi familia". En 1927, lo que más pesaba en su recuerdo eran el encierro y las lluvias, y Borges creyó que aquella época persistiría en él como un malestar para siempre: "La época de la guerra la pasé en Ginebra, época sin salida, apretada, y que recordaré siempre con algún odio".

Sin embargo, con el paso del tiempo, él mismo advirtió que los recuerdos que le iban quedando de Ginebra eran más bien felices: recuerdos de libros y de versos, de amistades y de grandes aventuras espirituales. Porque mientras las vivimos pesan mucho las incomodidades físicas, las atmósferas sombrías y los pequeños contratiempos, pero en la memoria pesan más las ideas y los sueños, el cuerpo procura purificarse de sus malos recuerdos, y tal vez por eso a la humanidad le interesa menos la historia que la leyenda. Es fácil advertir que creemos más en la imaginación y en el sueño que en la realidad, recordamos más a don Quijote que a Cervantes.

Viniendo de una ciudad que crecía vertiginosamente, los Borges llegaron a una ciudad pequeña en apariencia pero cargada de memoria, pasaron del mundo casi innominado de América a sentir los ayeres de Europa. Y el que rodeó aquella adolescencia era a la vez un mundo crepuscular y un comienzo. La guerra del 14 fue la más devastadora y la más desalentadora del siglo; aunque no la supera en el número de muertos, sin duda fue aún peor que la segunda, porque las técnicas de muerte que estaba incorporando al mundo fueron escalofriantes. Toda la revolución industrial hizo su aporte, los vehículos terrestres y aéreos recién inventados, las bombas, los químicos, el infierno estaba inaugurando sus almacenes. Paul Valéry vio en ella la agonía de una civilización, y los grandes espíritus de Europa padecieron ese viento apocalíptico que los arrancaba a una suerte de paraíso ilusorio, que los dejaba en una encrucijada llena de incertidumbres y a la orilla de un gran abismo.

Fue esa guerra la que llevó a Joyce a escribir el *Ulises*, a tratar de remendar con palabras el tejido desgarrado de la cotidianidad; y fue esa guerra la que llevó a Thomas Mann a escribir *La montaña mágica*, para examinar el abismo que se había abierto entre la tradición y el presente. Conviene recordar que otros dos ejercicios de minuciosa reconstrucción del pasado se alzaron como recurso del espíritu para enfrentar las desintegraciones de aquel hecho horroroso: *El hombre sin atributos*, de Musil, y *En busca del tiempo perdido*.

Para Borges, más allá de las incomodidades del momento, a pesar de la vasta guerra que afuera devoraba a Europa, aquellos fueron años de aprendizaje y de íntima felicidad, y más tarde empezó a sentir creciente nostalgia de ellos. Porque dos nuevas tradiciones literarias lo estaban esperando aquí: el francés, la lengua en que hizo su bachillerato, y el alemán, que buscó por su cuenta a través de las gramáticas y de los diccionarios.

Al comienzo cometió el ingenuo error de pensar que le sería posible aprender alemán leyendo la obra de Kant, pero en cuanto se convenció de esa imposibilidad encontró un camino más dulce y más melodioso: el *Intermezzo lírico*, de Heinrich Heine.

Ginebra era un mágico cruce de caminos y estaba poblada por numerosas sombras ilustres. La de Rousseau, que inventó una época de la humanidad, la de Voltaire, a quien Borges consideraría el mejor prosista de todas las literaturas, y las de esos poetas ingleses, Milton y Shelley y Byron, que por aquí pasearon siglo a siglo sus pasiones y sus pesadillas.

Viniendo del país de las grandes llanuras, Borges llegó al país de las montañas, y fue tal vez el recuerdo de Suiza lo que alguna vez le hizo decir que todas las llanuras son iguales pero que no hay una montaña igual a otra. También le gustaba recordar que Ginebra le había dado otra lengua, que aprendió y después olvidó, el latín, y que aquí había recibido la revelación.

Pero si bien la tradición del español ya le pertenecía y la tradición del inglés no lo abandonó nunca, el francés y el alemán, los dones de Ginebra, le permitieron entrar en contacto con dos vastas y ricas literaturas, y encontrar algunos de los que serían sus autores más queridos, aquellos por los cuales agradeció vivir. A lo largo de muchos años, cada vez que le preguntaban quién era para él el poeta, siempre respondía: "Paul Verlaine", y cada vez que le preguntaban por su filósofo favorito, hablaba de "el joven Schopenhauer, que descubre el plano general del universo". En su más alto canto de gratitud, el "Otro poema de los dones", en el que se aplicó a enumerar los seres y las cosas que más lo maravillaron del mundo, después de mencionar a Dante y a *Las mil y una noches,* a Whitman y a Francisco de Asís, vuelve a dar gracias "Por Verlaine, inocente como los pájaros", y "Por Schopenhauer, que acaso descifró al universo".

Ginebra le dio nuevas lenguas y nuevas tradiciones literarias. Entre los quince y los veinte años tal vez uno ya haya descubierto la literatura, pero es entonces cuando descubre la amistad y el amor. Los amigos de su adolescencia, compañeros del Liceo Calvino como Maurice Abramowicz, a los que tuvo y perdió muy temprano, en esos tiempos en que de verdad existía la ausencia, fueron una nostalgia de toda la vida. Pero a lo largo del tiempo, Ginebra fue cargándose para él de nuevas significaciones.

Ahora sabemos que mientras Borges hacía aquí su bachillerato, Joyce estaba escribiendo en Zúrich el *Ulises,* Kafka escribía sus obras en Praga, Apollinaire cantaba su fascinación por la guerra, y una generación estaba muriendo en el barro de las trincheras. Aquel adolescente comprendió muy pronto que era contemporáneo de esa generación ardiente y heroica, porque, aunque no se había cruzado con ellos por las calles de Ginebra o de Zúrich, había empezado a conocerlos en las revistas de la época.

Hay quienes juegan a descubrir si es verdad que Joyce y Lenin se encontraron en un café de Zúrich, pero esos no son argumentos caprichosos de los cuentistas: nada inventa tantos encuentros fantásticos como la realidad. Hace poco leí que en un día de 1922 coincidieron en una fiesta en París Igor Stravinski, Pablo Picasso, James Joyce y Marcel Proust. Es más, al salir de la fiesta, Joyce y Proust, que sólo esa noche se verían en su vida, tomaron el mismo taxi, y mientras el uno intentaba fumar el otro pedía que cerraran la ventanilla y se quejaba de su gastritis. Un argumento perfecto para un cuento.

Borges escribió casi al final de su vida un relato, "El otro", en el que imagina que en un lugar del espacio se cruzan dos tiempos distintos, y que él, en Ginebra, a los dieciocho años, se encuentra con él en Cambridge, a los sesenta y ocho, y casi ni siquiera pueden sostener una conversación. Igual no resulta arbitrario imaginar a Borges, de diecisiete años, cruzándose inadvertidamente en Zúrich con James Joyce, quien estaría terminando de escribir su gran novela, así como ahora las tumbas de ambos forman en Suiza parte del recorrido natural de los viajeros literarios.

Muchos años después, cuando empezó a sentir la vecindad de la muerte, Borges jugaba a preguntarse, ahora que se había convertido en un viajero incansable, ahora que iba de Texas a Islandia y de Egipto al Japón, de Colombia a Italia y de Grecia a París, dónde iría a sorprenderlo la muerte, y la primera posibilidad que acariciaba era Ginebra.

> *¿En cuál de mis ciudades moriré?*
> *¿En Ginebra, donde recibí la revelación,*
> *no de Calvino, ciertamente, sino de Virgilio y de Tácito?*

Su último libro, *Los conjurados*, lleva el nombre de un poema que escribió para celebrar el espíritu de convivencia, la capacidad de aceptar lo distinto, el modo, que siempre le pareció admirable, como Suiza había superado los ídolos gentilicios y había aceptado ser una nación plural y pacífica. Pero es interesante ver cómo, a medida que se alejaba en el tiempo su historia ginebrina, esos años se convertían en un símbolo de lo más significativo de su vida.

Recuerdo ahora su poema "Límites", hecho para cantar lo patético de nuestra fugacidad, y para hablar de la manera como las cosas nos abandonan sin tregua. En estas estrofas, unos sitios y unos hechos de su juventud parecen resumir para él la vida entera:

Tras el cristal ya gris la noche cesa
y del alto de libros que una trunca
sombra dilata por la vaga mesa
alguno habrá que no leeremos nunca.

Hay entre todas tus memorias una
que se ha perdido irreparablemente,
no te verán bajar a aquella fuente
ni el blanco sol ni la amarilla luna.

Y el incesante Ródano, y el lago,
todo ese ayer sobre el cual hoy me inclino,
tan perdido estará como Cartago
que con fuego y con sal borró el latino.

La guerra del 14 era el crepúsculo de una edad de Europa. Los poetas de comienzos del siglo XX sintieron que dejaban atrás para siempre una época de plenitud. La guerra estaba devorando en sus trincheras a una generación de grandes autores, y en aquellos años cayeron Rupert Brooke y Alain Fournier, Georg Trakl y Guillaume Apollinaire. Pero al tiempo que el colapso ennegrecía los cielos de Europa, músicos, escritores y artistas, como una reacción necesaria, se lanzaron a las más delirantes aventuras estéticas, trataron de oponer a aquellas sombras a veces las bengalas del ingenio y destrezas fosforescentes, pero también a veces las luces potentes del espíritu.

Borges no presenció la guerra ni la sintió en su carne como Tolkien, o como ese otro muchacho inglés, Wilfred Owen, o como Charles Sorley, que murió en combate aunque sólo le llevaba cuatro años, pero sí pudo sentir la conmoción espiritual, el bullicio y el destello de las vanguardias que oponían su haz de chispas a las desintegraciones de la época.

Flotaban sobre la imaginación de entonces las imágenes de *El jinete azul* (*Der blaue Reiter*), y el singular llamado de Franz Marc a aprender de los niños y de África, del Oriente y del gótico. Expresionismo y dadaísmo, surrealismo y cubismo llenaban las galerías y las revistas, los cabarets y las calles. Suiza, libre del infierno, era escenario privilegiado de muchas de esas reacciones del espíritu, de ese refugiarse en el individualismo y en el escepticismo, en la rebeldía simbólica y en la locura con método, como respuesta a la vasta irracionalidad de Verdún y del Somme.

Desde las selvas de cristal de Trakl, con sus lluvias de sangre, los decorados modernistas de Apollinaire y sus vasos que estallan como carcajadas, los cielos atormentados de Munch y de Emil Nolde, los potros azules de Franz Marc y las primeras fragmentaciones de Picasso, todo en aquellos tiempos eran rupturas y manifiestos, desplantes y contorsiones, caligramas y vértigo.

Las primeras traducciones de Borges que conocemos, después de su experiencia en Ginebra, son poemas de los expresionistas alemanes, de Ernst Stadler, de Johannes Becher, de Kurt Heynicke, de Werner Hahn, de Alfred Vagts, de August Stramm, de Lothar Schreyer, de H. Stummer, y sobre todo de Wilhelm Klemm, cuyos jardines negros, cuyos negros arcoíris que atraviesan diagonalmente el cielo y cuyas lágrimas negras lo fascinaban y lo conmovían.

La mayoría de esos poetas trataba de encontrar palabras que nombraran de veras el horror de la guerra y la novedad de esos recursos técnicos recién inventados para infligir la muerte, para descuartizar la realidad y para reventar el mundo. A diferencia de otros vanguardismos más evasivos o escapistas, Borges sintió que el de los expresionistas era un esfuerzo por darle la cara a la realidad, no por disfrazarla o diluirla, y ese fue tal vez, de todos los experimentos de la época, el que más admiró. Por lo menos dos grandes poetas que aparecieron entonces siguieron siendo apreciados por él hasta el final: uno fue el desdichado y en cierto modo malogrado Georg Trakl, y el otro sin duda Rainer María Rilke, cuya obra parece resumir y exceder la de todos los otros.

Era poderosa la irradiación de Praga. Cierta vez, al abrir una revista de la época, Borges se encontró con un texto que a la primera lectura le pareció gris y como de piedra, tan fuerte era el contraste con los coloridos dramáticos y los énfasis propios de aquel tiempo: era un relato de Franz Kafka. Ese contacto, que sería fundamental para él, en el primer momento fue casi un desencuentro. Pero el poder de Kafka es ineluctable, y Borges acabó sintiendo que era el primer narrador de su tiempo, en la medida en que, según dijo, Chesterton, Proust o Joyce nos exigen situarnos en una geografía y en una época, imponen de algún modo referencias exteriores, en tanto que Kafka se nos antoja intemporal, sus relatos podrían ser de cualquier sitio, y hasta merecerían ser muy antiguos.

También fue aquí donde leyó Borges *El Golem*, de Meyrink. Sobre ese tema escribió después un famoso poema. Más de una vez en la historia de Ginebra ha vuelto a aparecer esa pregunta por la relación entre la criatura y el creador. El tema del Golem de Meyrink es en rigor el mismo tema del Frankenstein, que Mary Shelley soñó en una noche inolvidable de 1816, aquí junto al lago Leman, en la célebre Villa Diodati, que esta semana, con algunos amigos, visitamos en la noche, con una mezcla de zozobra y de fascinación.

Esa casa donde se hospedaron Voltaire y Rousseau, donde dicen algunos que John Milton concibió la idea del *Paraíso perdido*, donde estuvieron Shelley y Byron, Mary Wollstonecraft y John Polidori, y donde nacieron algunos de los seres fantásticos más persistentes de la modernidad, puede ser un buen símbolo de esa bruma de sueños y de leyendas que flota sobre esta ciudad tan serena, sobre este país de cavernas de oro y de mecanismos de precisión, que alguna vez se alzó ante el mundo como una Roma de la disidencia, este país en el que han surgido tantos inesperados inventos de la civilización. El tema de la criatura y el creador recorre toda la obra de Borges: su relato "Las ruinas circulares" es una versión harto poética del mito de Frankenstein, y hasta sus poemas sobre el ajedrez contienen ese sobresalto del soñador que descubre que él también es un sueño.

> *Dios mueve al jugador, y éste la pieza,*
> *¿qué dios detrás de Dios la trama empieza,*
> *de polvo y tiempo y sueño y agonías?*

Borges no ignoraba que algunos de sus sueños favoritos tenían que ver con Suiza, que aquí había nacido Paracelso, a quien le dedicó uno de sus últimos relatos fantásticos. Fueron estos los ríos que primero figuraron para él la metáfora de Heráclito el Oscuro. Justo cuando despertaba su imaginación, en plena adolescencia, Ginebra le presentó una guerra a la vez omnipresente e invisible; un ejemplo paradójico de tolerancia y de convivencia en el corazón de la barbarie y de la aniquilación; Ginebra le dio este espejo sereno en medio de grandes cumbres y abismos; le dio esa leyenda de Paracelso, del hombre que es capaz de suscitar de nuevo con sus palabras la rosa calcinada, y que no lo hace cuando hay alguien presente sino que lo hace a solas, en secreto.

Le gustaba decir que Ginebra era discreta y casi invisible, que París y Londres sabían demasiado que eran París y Londres, y que en cambio Ginebra casi no se daba cuenta de que era Ginebra. Él también quería ser el hombre invisible, y el mundo hizo de él todo lo contrario, un ciego al que todo el mundo quería ver. Y recordó aquellos tiempos en que era un muchacho tímido, extranjero, callado, imperceptible, rodeado por todo el sonido y la furia de una época tremenda, y aunque alguna vez había escrito que se sabía destinado al viejo cementerio de sus mayores en la Recoleta de Buenos Aires, al final de su vida optó por ser uno de los conjurados, por invocar para su ceniza la tutela de aquella ciudad de su adolescencia que le enseñó a no ser sólo argentino y a no ser sólo americano, a hablar no sólo castellano e inglés sino a sentir también en la lengua de Rimbaud y de Paul-Jean Toulet, y en la lengua de Rilke y de Hölderlin.

No es que aquí Borges haya abandonado su destino suramericano para volverse europeo, como piensan algunos, porque todos sabemos que de aquí volvió en su juventud a celebrar de Buenos Aires lo que sólo esa ciudad tenía, sus malevos y sus almacenes rosados, sus compadritos y la gravitación de la pampa, sus tangos y sus puñales. Le pasó lo que a muchos americanos que llegan a este continente, venía lleno de curiosidad por Europa, y volvió a su tierra lleno de curiosidad por América. Incluso el hecho de que alrededor estuviera la estridencia de las vanguardias hizo que a lo largo de su obra buscara otra vez la serenidad y la claridad: el delicado crepúsculo europeo le hizo valorar la mañana de América. Pero también volvió a Buenos Aires sabiendo que sólo un latinoamericano puede ver a Europa como un todo, y se siente hijo de ese todo y parte de ese todo, y no renuncia a interesarse también por el islam y por la cábala, por las cosmogonías del Indostán y por el budismo zen, por los skaldos de Islandia y por los sacerdotes aztecas.

Su primer aleph había sido la biblioteca de su padre, en el corazón de una ciudad sobre la que convergía el mundo. Su segundo aleph fue esta ciudad secreta junto a un lago, donde se sintió prisionero y sin embargo recibió un infinito rumor de siglos y de culturas. Y yo a veces me digo que hay una razón más para que de todas las ciudades donde pudo haber muerto, Borges escogiera esta como "el lugar de su ceniza". Y es que si en Buenos Aires, oyendo a Evaristo Carriego recitar los versos de Almafuerte, Borges descubrió la poesía, descubrió que el lenguaje puede ser una magia, una pasión y una música, fue aquí donde descubrió algo más conmovedor: que la poesía sería su destino.

Como un secreto homenaje a Leopoldo Lugones pero también, seguramente, a la diosa blanca de su admirado Robert Graves, esto es lo que nos cuenta Borges en su poema a la Luna:

No sé dónde la vi por vez primera,
si en el cielo anterior de la doctrina
del griego, o en la tarde que declina
sobre el patio del pozo y de la higuera.

Según se sabe, esta mudable vida
puede, entre tantas cosas, ser muy bella,
y hubo así alguna tarde en que con ella
te miramos, oh Luna compartida.

Cuando en Ginebra o Zúrich, la fortuna
quiso que yo también fuera poeta,

me impuse, como todos, la secreta
obligación de definir la Luna.

Esa fue la otra revelación que recibió en Ginebra, esa insensata y venerable tarea que lo hermanó con Rilke y con Virgilio, el destino de poeta, la tarea interminable de buscar las palabras de la Luna.

(Leído en la Sociedad de Lectura de Ginebra, Suiza, en 2010.)

NUESTRA EDAD DE CIENCIA FICCIÓN

Hace sesenta y nueve años dos bombas atómicas destruyeron las ciudades de Hiroshima y Nagasaki, decidieron el final de la Segunda Guerra Mundial, forzaron al Japón a la rendición ante las potencias aliadas y dieron comienzo a una nueva edad del mundo. Alemania había sido triturada por el doble martillo de los rusos atacando por el oriente y los aliados avanzando por el occidente. El triunfo en el frente europeo y en el asiático de Estados Unidos, que había entrado tardíamente en la guerra, significó también el comienzo de la Guerra Fría, que dividió el mundo durante cuarenta años en dos bloques de poder que se vigilaban mutuamente con desconfianza y con ira, en una tensa paz de pesadilla, sostenida sobre la amenaza cósmica de los arsenales nucleares.

Ahora sabemos que esas potencias enemigas no eran tan distintas: tanto los democráticos Estados Unidos como los burocráticos estados soviéticos profesaban el industrialismo, el armamentismo, el militarismo, y terminaron reconciliándose hace veinte años en las fiestas del mercado, en la desintegración de los proyectos solidarios y en la entronización del individualismo consumista como máximo ideal de la especie.

Hace sesenta y nueve años vivimos en el mundo de la ciencia ficción. Las novelas del 007 dieron paso a los *thrillers* de espías y de traficantes de armas atómicas, la generación de los años sesenta pasó del culto de las drogas místicas y la consigna del amor libre a la fascinación con la saga de los viajes al espacio exterior, íbamos rumbo a la Luna y a Marte, la revolución del transporte incorporó una velocidad de vértigo a la vida cotidiana, la revolución de las comunicaciones convirtió al mundo en el aleph de Jorge Luis Borges, internet y las redes sociales convirtieron a los organismos humanos en una subespecie sometida a la fascinación de los mecanismos, la globalización de la información y del mercado trajo como complemento necesario la proliferación de las mafias globales, el mercado planetario de las armas, el clima de alarma permanente de la sociedad superinformada, la enfermedad planetaria del estrés y la alternancia bipolar de sustancias estimulantes y sedantes, el triunfo estridente de la tecnología como principal escenario de la investigación humana, la tecnificación de la vida y el triunfo de la profecía de Marx de que todas las cosas se convertirían finalmente en mercancías, el sexo y la salud, el arte y el espectáculo, el deporte y el tiempo libre, la paz y la guerra, la información y la educación, el agua y el aire.

Es asombroso el modo como han triunfado los paradigmas de la llamada civilización occidental. Fue asombroso ver ayer al emperador Akihito hablando por primera vez por televisión a su pueblo, vestido con un traje occidental, con saco y corbata. Es asombroso ver el país que hace sesenta y nueve años padeció por primera y única vez el apocalipsis atómico sobre sus ciudades, convertido ahora en productor de energía atómica y víctima otra vez de los vientos radiactivos. Es asombroso haber tenido el privilegio y el horror de ver en directo el modo como una ola monstruosa que venía de los abismos del agua iba barriendo y arrasando los litorales japoneses y convirtiendo en escombros las ciudades, estrellando los barcos contra los puentes, arrancando las casas como trozos de papel, moliendo en su trituradora automóviles, bosques, barrios, piedras, metales, máquinas y seres humanos.

Los diluvios y los tsunamis existieron siempre, lo que no existió siempre es una humanidad que puede estar presenciando al mismo tiempo la devastación de los tsunamis, los incendios de los reactores nucleares, los crímenes de las mafias mexicanas, la corrupción de los políticos colombianos, las manifestaciones de los demócratas egipcios, las elecciones en la devastada isla de Haití, las manifestaciones de los trabajadores de Wisconsin, los bombardeos de Gadafi sobre las ciudades rebeldes.

El Renacimiento, la Ilustración, el progresista siglo XIX, el optimista y catastrófico siglo XX, nos acostumbraron a pensar que todas las cosas nuevas nos hacen mejores: nos enseñaron a pensar, tal vez de un modo demasiado mecánico, que toda novedad comportaba un progreso, que la humanidad no había cesado de progresar desde el momento en que decidimos bajar de esos árboles, desde el momento en que pulimos esas piedras para hacer hachas, desde el momento en que descubrimos la rueda. Y si bien en el reino de las ideas no siempre todo invento era benéfico y provechoso, porque también había ideas de intolerancia y de fanatismo, doctrinas de crueldad y de exterminio, pedagogías de odio y de repulsión, en el campo de los inventos prácticos todo se hacía para mejorar nuestra manera de vivir en el mundo. ¿No habían inventado los chinos las sombrillas y las sillas plegables?, ¿no había descubierto alguna abuela sabia la manera correcta de partir el pastel?, ¿no había inventado alguien inspirado seguramente por la divinidad el cepillo de dientes, la tijera, el lápiz, el telar, el papel? Pero no, ahí estaban también desde el comienzo los inventos nefastos: esos puñales curvos que sofisticaban la estocada, esas espadas, esos venenos, ese ácido prúsico que inventó el doctor Frankenstein, esos instrumentos de tortura a los que aplicó su ingenio la Santa Inquisición, esas cruces, esas horcas, esas guillotinas. Alguien debe haber hecho ya un inventario de las cosas benéficas y de las cosas atroces que ha producido nuestro ingenio, para saber si la creatividad humana, si la industriosidad humana, pertenecen al reino de lo angélico o al reino de lo diabólico.

Pero voluntariamente me dejo llevar por el ritmo de las palabras, la verdad es que siempre estuvieron ligadas nuestra generosidad y nuestra malignidad, y siempre lucharon, desde el comienzo mismo de la historia; porque no existen los engendros del bien y los engendros del mal, como quiere la moral occidental, sino la coexistencia en nuestros corazones de una capacidad de creación y de una capacidad de destrucción, y yo pertenezco al gremio de los que creen que depende mucho de la cultura, que depende mucho del orden social, el que una sociedad se oriente hacia la convivencia y el respeto, o hacia la hostilidad y la violencia.

Voy a hablar un poco más del Oriente. Un amigo mío decía que los chinos tienen, o tuvieron, una característica curiosa: inventaron la pólvora, pero sólo la usaban para hacer fuegos de artificio. Inventaron el papel, pero lo utilizaban para hacer cometas y dragones. Inventaron la brújula, pero antes que salir a conquistar el mundo, se encerraron en una muralla del tamaño del país. Inventaron la imprenta y sólo la emplearon para conservar su memoria y para esconderse detrás de esa otra muralla que es la lengua china. Los occidentales en cambio fueron a China, se apoderaron de la pólvora y la usaron para hacer armas y someter a los chinos. Se apoderaron del papel y lo utilizaron para hacer biblias para ir a convertir a los chinos. Y ya sabemos para qué usaron la imprenta y para qué utilizaron la brújula. Esa teoría sólo es parcialmente cierta, pero contiene verdades interesantes: y la principal es que antes de la actual invasión de basura industrial la China no nos había hecho ningún daño. Su conducta, como la de los japoneses, estaba moderada por siglos de ceremonias y tradiciones, y las ceremonias, las tradiciones, los rituales no son necedades humanas sino recursos poderosos por medio de las cuales las sociedades aprenden a convivir en su interior y a relacionarse con el mundo.

El progresismo de los últimos siglos fue haciendo que perdiéramos el respeto de la tradición. Todos gritamos felices, con Baudelaire, "Cielo, infierno, ¿qué importa? ¡Al fondo de lo desconocido para encontrar lo nuevo!". Todos gritamos desenfrenadamente, como Rimbaud, "¡Hay que ser absolutamente modernos!". Creímos que toda novedad comportaba un progreso. Y en estos países, donde aprendimos a sentirnos rezagados de la historia verdadera, que era la de las grandes metrópolis, llegamos a creer que de verdad el paraíso estaba exclusivamente en el futuro. Por eso resonaron con tanta fuerza entre nosotros teorías como las de Carlos Marx, quien en *El 18 Brumario de Luis Bonaparte* dijo que las revoluciones modernas no deben sacar su poesía del pasado sino únicamente del porvenir.

Todo iba muy bien con el progreso. Procurábamos no pensar si el cristianismo con sus crucifijos y sus piras de la Inquisición era un progreso frente a la alegre sensualidad de los dioses griegos; no advertíamos que esas ideas de redención, de paraíso final, de progreso constante hacia mejor eran variaciones de la escatología cristiana, que todo lo dirige hacia un fin. Pero ocurrió que los ilustres inventos de la sociedad industrial súbitamente se convirtieron entre 1914 y 1918 en instrumentos del infierno. Los aviones, el sueño sublime de Leonardo da Vinci, fueron utilizados para arrojar bombas sobre los campos. El telégrafo, la radio, los productos de la industria, todo se convirtió en herramienta de la destrucción y de la aniquilación. Y con la Segunda Guerra Mundial, el fenómeno alcanzó su apoteosis. Hasta el trabajo de grandes pacifistas como Albert Einstein fue usado para la puesta en marcha de los más diabólicos instrumentos de destrucción que hubiera conocido la humanidad. Cuando terminó la guerra, la sociedad industrial había triunfado, pero un extraño pesimismo se había apoderado de una parte considerable de la inteligencia mundial. En Europa sobrevino ese movimiento intelectual que se llamó el existencialismo: un sentimiento de soledad, de desamparo, de desaliento, la conciencia del absurdo, la sospecha de que la vida no tenía sentido.

Ese sentimiento no ha desaparecido, sólo que la sociedad industrial ahora lo ha enmascarado en el culto de las cosas, en el frenesí del consumo, en la apoteosis de las adicciones, en el culto frenético del ruido, en la velocidad, en la sed desesperada de riqueza, en la religión del espectáculo, en las liturgias de la publicidad, en la visita a los únicos templos vivos que van quedando que son los centros comerciales, en el culto enfermizo de la salud, del vigor y de la juventud.

Pero claro, todo eso es la máscara. Harto sabemos que tres cuartas partes de la humanidad no pueden participar en esas comparsas de la belleza frívola, en esas mitologías de *Vanity Fair*, que algo va de la dieta al hambre, de las marcas costosas a los mercados piratas, de la civilización que convierte todo en basura a la humanidad que vive de reciclarla. Y los que predican que el ideal de la civilización es la extensión a las grandes mayorías de ese modelo de consumo suntuario e irreflexivo bien saben que eso no es posible ni deseable. El día en que los mil trescientos millones de chinos tengan automóvil privado, el día en que los mil doscientos millones de indios produzcan basura verdadera, es decir, basura industrial no biodegradable, ese día Vishnú le cederá para siempre su trono a Shiva.

Es verdad que se ha abierto paso en el mundo la idea de que los seres humanos tenemos muchos derechos y casi no tenemos deberes. Es verdad que llevamos dos siglos luchando por la libertad, pero aún no hemos articulado el discurso de nuestra responsabilidad. Es verdad que llevamos siglos en la búsqueda del confort y que se nos hace agua la boca hablando de la sociedad de bienestar, pero son pocos los que, como Estanislao Zuleta, nos han formulado sabiamente un elogio de la dificultad. No creo que debamos renunciar al sueño del confort, al principio de la libertad, a la carta de los derechos del hombre, pero creo que cada vez se hará más necesario contrastar esos anhelos con tareas menos egoístas y con compromisos menos cómodos. Harto saben los médicos, que son hoy los destinatarios de estas digresiones, que nada atenta tanto contra la salud de la especie como una prédica de confort, de comodidad y de facilidad. Harto saben también que nada es más peligroso para la salud y para la supervivencia humana que la excesiva adulación de los individuos y del egoísmo y el olvido de los principios de solidaridad y de generosidad.

Sociedades como la colombiana, crecidas en el desamparo y la desprotección por parte de un Estado irresponsable, y condenadas por ello a la rivalidad permanente, al egoísmo y al individualismo más agresivo, son un buen ejemplo de los niveles de violencia que produce la falta de un proyecto incluyente, de un proyecto común, de un sueño generoso de respeto y de convivencia en el que puedan converger millones de seres humanos, reconociéndose los unos a los otros y valorando la esencial dignidad de los demás.

Los seres humanos sólo convivimos con un mínimo de respeto cuando una mitología compartida, unas tradiciones, unas ceremonias, unos rituales nos revelan al dios que está escondido en los otros, el exquisito misterio que es cada ser humano, y ello requiere altos niveles de educación verdadera, es decir, no aquella que venden los liceos y las universidades sino aquella que se trasmiten por el trato aun los seres más humildes, porque está en el lenguaje, en la memoria compartida, en las fiestas y las ceremonias que nos hacen sentir parte de un mismo orden cultural.

El mundo entero asiste hoy a un acelerado cambio de memorias por noticias, de costumbres por modas, de saberes largamente probados por novedades, de sabidurías por conocimientos, y de conocimiento por información. Pero los hechos de los últimos tiempos también nos recuerdan que la historia es impredecible, y que así como a veces lo nuevo se yergue como el único camino deslumbrante y embriagador, también a veces los peligros eternos y los dones antiguos del mundo pueden revelarnos que conviene un poco de prudencia, un poco de sensatez y un residuo de reverencia a la hora de paladear esas flores del vértigo. Al fin y al cabo, la literatura de ciencia ficción no surgió para celebrar las maravillas de la técnica sino para advertirnos, de un modo elocuente y fantástico, sobre sus abundantes peligros.

LOS CALEIDOSCOPIOS DE LA IDENTIDAD

En la España del siglo XV era asunto de vida o muerte ser cristiano viejo, poder demostrar que no se llevaba la huella de judíos ni de moros en la sangre. Los Reyes Católicos habían decidido unir sus coronas en torno a una confesión de fe religiosa, y determinaron la identidad de España a partir de la raza y de la religión.

Nadie sabe vivir sin identidad, pero ésta cambia de región en región, de tiempo en tiempo. A ella se deben muchos inventos provechosos pero también muchas de las guerras que en el mundo han sido, guerras tribales, territoriales, guerras raciales, o guerras religiosas, que son las peores.

Incluso en el campo de la guerra religiosa suele tratarse con más rigor a los semejantes que a los diferentes. Ser pagano, pertenecer decididamente a una religión distinta, era por momentos menos grave que ser hereje, es decir, pertenecer a las mismas creencias pero con matices distintos.

Las Cruzadas, emprendidas contra los musulmanes, eran guerras en las que simplemente se mataba al enemigo al que no era posible redimir, pero los juicios de la Santa Inquisición eran más implacables con los meros herejes, que creían en Cristo pero dudaban de la unión hipostática, de la presencia de Cristo en la hostia, de la resurrección o del ascenso en cuerpo y alma al cielo de la Virgen María. Allí los desvelados inquisidores justificaban el uso con fines piadosos de los potros del tormento, de los garfios insistentes, de los braseros que se acercan a los pies desnudos y de los emplastos de telas húmedas que permiten prolongar benéficamente la agonía de los condenados en las piras purificadoras.

Haber nacido a un lado o al otro del Rin significó siglo tras siglo la muerte de incontables seres humanos. En algún momento de nuestras guerras de independencia ser español o ser patriota americano eran culpas inapelables. Hay, pues, ese costado peligroso de la identidad, que siempre significó dividir el mundo entre los nuestros y los otros.

Hoy suele predicarse que están desapareciendo las fronteras, que el planeta está cada vez más globalizado, aunque esas tesis funcionan más en la limpia teoría que en la práctica cenagosa de las fronteras. Los mismos norteamericanos y los mismos judíos que aplaudieron jubilosos la caída del muro de Berlín tratan de convertir en un muro la frontera sur de los Estados Unidos y construyen un muro de 731 kilómetros en la frontera de Israel en Cisjordania.

Se predica también que la modernidad puso fin a los trajes nacionales o religiosos, se afirma que ser moderno es que nos vistamos todos igual, que las árabes renuncien a sus crueles burkas y adhieran a nuestros bikinis, que las senegalesas renuncien a sus amplias mantas de colores y se pongan trajes sastre o chaquetas de colores unidos, que los sijs se olviden del turbante y de sus laboriosos rituales. Pero no se predica con la misma insistencia que las monjas abandonen sus hábitos, ni se dice que es cruel que el papa tenga que usar túnicas y pesados mantos aun en verano.

Hubo sin embargo períodos, modelos culturales, en los cuales era posible la convivencia de seres de identidades distintas. Dicen que en tiempos de la Roma Imperial, en el propio corazón del imperio, cualquier forastero podía andar por las calles practicando cualquier tipo de costumbres, sin que ello llamara la atención de los otros, y que incluso si nosotros pudiéramos viajar hoy en el tiempo y desembarcar en la Roma de Augusto o de Adriano, no seríamos mirados con extrañeza aunque lleváramos jean y camisetas, gafas de sol y sandalias brasileras. Harto se sabe que cuando Cleopatra se trasladó a Roma, llevada por el amor de Julio César, se le permitió incluso construir a la orilla del Tíber templos consagrados a las divinidades del Nilo.

El cristianismo creció en Roma al amparo de esa tolerancia inicial. Pero después los cristianos fueron perseguidos, en tiempos de Nerón y de Vitelio, aunque una vez triunfantes, convertidos ya en religión imperial, se hicieron aún más intolerantes que los viejos paganos. Yo quiero pertenecer al gremio de los que piensan que la diversidad del mundo es deseable y hermosa, que lo más bello de nuestra época sería que pudieran pasar por las calles de cualquier ciudad personas de todas las condiciones, con todo tipo de trajes y de adornos, que a eso debería tender la llamada globalización, y que lo único imperdonable es que las personas lleven esas cosas contra su voluntad.

Voy a hablar ahora específicamente de Colombia y a tratar de explicar por qué me parece que el nuestro es un país donde es más difícil que en otros hablar de identidad. Lo primero es que la palabra identidad parece postular aquellas cosas que nos hacen idénticos a nosotros mismos y a los miembros de nuestra comunidad, y nosotros hemos nacido en una región donde la diversidad es la norma.

La definición de la identidad plantea en primer lugar entre nosotros el desafío de la diversidad geográfica. El territorio que hoy llamamos Colombia nunca tuvo vocación unitaria antes de los desvelos de Simón Bolívar y de Rafael Núñez. A la llegada de los europeos, en este territorio se sucedían una enorme cantidad de culturas, sembradas cada una en un suelo distinto. El país de desiertos de los wayús de La Guajira no se parece al país de nieves y abismos de los arhuacos y los kogis de la Sierra Nevada, que queda justo al lado, y esos dos a su vez no se parecen al país de ciénagas y llanuras inundadas de los zenúes de La Mojana y de las sabanas de Sucre, y esos a su vez no se parecen al país de selvas lluviosas de los embera catíos del Chocó, y ese no se parece al país de sierras secas de los chitareros de lo que hoy es Santander, ni el de ellos se parece al gran reino del altiplano fértil a 2.600 metros de altura de los muiscas de la sabana, y así podríamos seguir enumerando, desde las tierras ásperas de minas y breñales de los muzos del Magdalena Medio hasta las llanuras calcinadas de los panches del valle alto del Magdalena, pasando por el país de llanuras abiertas de los sikwani del Vichada, o el país de los hijos de las grandes anacondas de los ríos que bajan hacia el Amazonas. Y estoy mencionando sobre todo pueblos indígenas que todavía sobreviven, de las decenas que había hace unos siglos.

Fueron los españoles los primeros en intentar ciertas unificaciones del territorio: primero por medio de las campañas de Conquista que se concluyeron en gobernaciones. La de Cartagena, nacida del avance de los hermanos Heredia por los litorales y el Sinú; la de Popayán, nacida del avance de los hombres de Pizarro por el Patía, por el Valle del Lili, y por la llanura hasta el cañón del Cauca; y esa otra gobernación, que hoy nos extraña que se hubiera unificado de ese modo, desde La Guajira, pasando por la Sierra Nevada de Santa Marta hasta la sabana de Bogotá, región unida por el cordón de selvas fluviales del río Magdalena, a la que llamaron el Nuevo Reino de Granada.

La palabra Colombia es un invento de Francisco de Miranda, quien pensó que era una injusticia que el continente descubierto por Cristóbal Colón no llevara el nombre de su descubridor sino el de un viajero tardío avezado en la cartografía. La inventó para que así se llamara todo el continente. Después de que Miranda fracasó en el esfuerzo por derrotar a los españoles, y murió en el penal de las Cuatro Torres, en Cádiz, Bolívar recuperó esa palabra, lo mismo que la bandera de los tres colores primarios del iris, el amarillo, el azul y el rojo, que también Miranda había diseñado, y las propuso como nombre y emblema del país que nacía en 1820 de la unión entre Venezuela, la Nueva Granada y Quito. Fugazmente llevamos ese nombre, después volvimos a la Confederación Granadina, después intentamos los Estados Unidos de Colombia, pero es bueno recordar que hasta 1886 ni siquiera estábamos seguros de cómo nos llamábamos, y eso también forma parte de nuestra pregunta por la identidad.

Hoy nos resulta más fácil asociar tantas tierras distintas, porque a pesar de que nuestro país cambió de nombre muchas veces, el discurso unitario de los últimos ciento veinte años ha fortalecido este mito identitario que se llama Colombia, aunque todavía hace treinta años en una canción vallenata un hombre le decía a otro:

Óigame, compa, usté no es del Valle, del Magdalena ni de Bolívar,
Pues se me antoja que sus cantares son de una tierra desconocida.

Y el otro le contestaba:

Si a usted le inspira saber la tierra de donde soy,
Con mucho gusto y a mucho honor, yo soy del centro de La Guajira.

Y es que esas tierras desconocidas estaban, en realidad, en el vecindario.

La diversidad geográfica ha sido, no el primer obstáculo, sino el primer desafío de nuestra identidad. Pero a ella hay que añadir otro tipo de diversidad que tiene el territorio, más allá de las diferencias entre provincias. Y es que Colombia mira por cada uno de sus costados a un mundo distinto, y en esa medida podría afirmarse que es más grande que su mapa.

Quiero decir que el norte de Colombia no puede entenderse sino en función del Caribe, esa vasta región, ese mundo que, como decía García Márquez, se extiende desde del delta del Mississippi hasta el delta del Orinoco, y que es una cultura singular, un tejido de leyendas y de tradiciones. El occidente del país sólo puede mirarse en relación con la extensa cuenca del Pacífico a la que pertenece. El oriente sólo puede entenderse en función de ese mundo compartido que son las llanuras del Orinoco. La zona central del país corresponde a la cordillera de los Andes, un mundo que se prolonga hacia el sur, con sus culturas y sus músicas, sus tradiciones y leyendas, hasta Bolivia y Chile. Y el sur del país sólo puede entenderse como parte de la cuenca del Amazonas, en función de esa región tenemos que entender sus desafíos y encontrar sus soluciones.

La conclusión necesaria de esa reflexión es que ningún país de Suramérica debería tener tanta vocación continental y tanto liderazgo continental como Colombia, país mestizo, país blanco, país negro, país indígena, país caribeño, andino, del Pacífico, de los llanos y de la Amazonia. ¿Por qué no los tiene? Tal vez porque no basta ser, también es necesario saber; no basta la existencia, es necesaria la conciencia. Y desafortunadamente el discurso que orientó nuestra vida institucional durante más de un siglo fue el de Miguel Antonio Caro, brillante intelectual, erudito, gran orador, escritor, latinista y gramático, que no sabía nada de este mundo americano porque vivía en las nubes del clasicismo, y ni siquiera tenía el alma en Europa sino en la Roma de Virgilio.

Una de las costumbres humanas es tomar partido radicalmente a favor o en contra de ciertas cosas. Y ahora que pienso en Miguel Antonio Caro, y en esa efusión suya que fue la Constitución de 1886, no puedo dejar de decirme que esa misma Constitución, que tantas cosas negativas produjo, por todo lo que negaba del país, también produjo cosas positivas, en la medida en que les dio a cuatro generaciones una idea de nación que antes no tenían, y creó la necesaria unidad, o la necesaria ilusión de unidad, de la cual partiremos para todas las conquistas comunes del futuro.

La segunda diversidad de nuestro país, después de la geográfica, es la diversidad étnica. Ya era grande a la llegada de los españoles, porque los pueblos que habitaban el territorio corresponden a cuadros raciales y lingüísticos que tienen sus diferencias. Pero con la Conquista aquí llegaron los mestizos de la península, que dependiendo de sus distintas regiones estaban marcados por lo íbero y lo celta, por lo visigodo y por lo franco, pero que también eran judíos y moros. Y con ellos llegó la copiosa inmigración africana, si es que queremos darle el apacible nombre de inmigración a aquel brutal tráfico de seres humanos.

Algunas estadísticas dicen que casi el sesenta por ciento de los colombianos somos mestizos, que el veinticinco por ciento somos blancos, que más del diez por ciento somos descendientes de África, y que apenas el cinco por ciento somos indígenas. Esas cifras pueden cambiar al ritmo de todas las variables posibles, pero se sabe que Colombia hoy tiene, por ejemplo, la mayor población afroamericana del continente después de Estados Unidos y de Brasil.

Como consecuencia de esa conquista, a nuestro ser se sumó una de las principales características de la modernidad, que es lo que llamaríamos la conciencia escindida. Ser hijos a la vez de los invasores y de los invadidos, ser a la vez de aquí y de muy lejos, pertenecer a países nuevos que tienen a la vez una memoria milenaria, sentirnos americanos y estar llenos de recuerdos europeos y africanos aunque no hayamos estado nunca por allá, todos esos son regalos singulares que marcan eso que con esfuerzo podemos llamar nuestra identidad.

Lo de la conciencia escindida lo describió muy bien Baudelaire en uno de sus poemas:

> *Yo soy la herida y el cuchillo,*
> *la bofetada y la mejilla,*
> *yo soy los miembros y la rueda,*
> *soy el verdugo y soy la víctima.*

Algunos rasgos marcados de nuestra problemática identidad llegaron de muy lejos. Hablamos una lengua de origen romano y griego, que durante siete siglos se llenó de algarabía, es decir, de lengua árabe, que después se renovó con la música del italiano, en tiempos del Descubrimiento, cuando pertenecíamos al mismo imperio que Flandes, Alemania e Italia; una lengua que desde el siglo XVI empezó a enriquecerse con los sonidos y los sentidos de las lenguas indígenas del Caribe y de los Andes, que a finales del siglo XIX en nuestro propio continente se aplicó a beber del francés de los parnasianos y de los simbolistas, y que culturalmente es una lengua continental, hoy más americana que europea. Y conviene añadir que la lengua española es hoy la segunda lengua más extendida del mundo, y que Colombia es el segundo país de habla castellana en el mundo.

También la religión que profesa la mayoría de nuestra gente no es una religión nacida entre nosotros: es una hija compleja de Judea, de Grecia y de Roma. Por otra parte, hemos instaurado instituciones nacidas de la Ilustración y de la Revolución francesa, del discurso de los derechos humanos y de los paradigmas de la modernidad filosófica occidental.

A lo mejor es más fácil hablar del mosaico de identidades que nos constituye, a lo mejor nos parecemos más al *collage* que al retrato, nos definen mejor los palimpsestos que los textos unívocos, a lo mejor el siglo XX con sus muchos inventos servirá para que encontremos imágenes más parecidas a nosotros en el cubismo y en el surrealismo, en las fusiones musicales y gastronómicas, en los caleidoscopios del arte contemporáneo.

En los viejos tiempos hablar de identidad era hablar de comunidades monolíticas, impermeables, resistentes a la influencia y a la modificación. Nosotros somos hijos de la edad de las fusiones y de los mestizajes, pero conviene aclarar que las identidades puras fueron siempre ilusiones. Los Reyes Católicos podían creer que el catolicismo era una religión de extraña y sobrenatural pureza, pero bien ha dicho Gibbon, el autor de la *Decadencia y caída del Imperio romano*, que en el misterio de la Santísima Trinidad se insinúa el hecho de que el cristianismo procede de tres tradiciones nacionales distintas, del monoteísmo hebreo, de la filosofía del doble mundo platónico y de la vocación de universalidad del Imperio romano. La globalización comenzó hace mucho tiempo, y debería estar claro para nosotros que estas naciones nuestras son fruto de cinco siglos de grandes y eficientes procesos de globalización.

La obra de Juan de Castellanos, a la que yo he dedicado años de lectura y de escritura, sobre todo en el ensayo *Las auroras de sangre*, es un gran ejemplo no sólo de ese proceso de globalización sino del esfuerzo temprano de nuestra sensibilidad por encontrar las palabras de ese caleidoscopio: ver a la lengua española intentando casi en vano nombrar el infinito mundo americano con palabras nacidas del latín y del celta, y utilizando forzosamente palabras tomadas del taíno y del quechua, del chibcha y del arhuaco. ¡Por qué destilaciones y alquimias han pasado nuestras palabras, nuestros sueños y nuestras almas en estos cinco siglos de gestación del gran sueño latinoamericano!

Ahora sólo quiero añadir que gracias a la lengua, a la espiritualidad, a las instituciones y al trabajo complejo y arduo de las naciones, los latinoamericanos hemos llegado a construir un mosaico cultural rico en matices pero homogéneo, armonioso y lleno de ríos secretos, de ríos profundos. Basta leer la literatura continental, ver las artes plásticas, oír la música del continente, para advertir las muchas afinidades y las preciosas diferencias que forman ese legado latinoamericano.

Pero no estamos apenas en el fin de un proceso, estamos sin duda en el comienzo de una época. Hoy todos nuestros países tienen desafíos comunes y preciosas respuestas particulares que aportar a su solución. Cada vez somos más conscientes de la existencia de nuestros vecinos, de su básica afinidad con nosotros y de sus delicadas diferencias. Y en la medida en que cada vez somos más conscientes del mundo, de sus grandes y a veces agobiantes desafíos, de los peligros que se ciernen sobre la naturaleza, sobre el medio ambiente, sobre el agua, sobre una sociedad a veces liberada y a veces encadenada por las tecnologías, a veces condenada a vivir como extranjera en su propia tierra y a veces forzada a emigrar en busca no de la filosófica diversidad del mundo sino sólo de la supervivencia, frente a una industria a veces irreflexiva, que mira al mundo como una bodega inagotable, percibimos mejor también los valores que hay que oponer a tantas virtudes y tantos peligros.

Entonces haremos algo mejor que engolosinarnos con el discurso abstracto, a veces meramente chovinista, a veces meramente fanático, de la identidad: procuraremos afirmarnos con serenidad en un conocimiento real de lo que somos, en el reconocimiento lúcido de lo que hemos creado y olvidado, en esa exploración de nuestra naturaleza que comenzó mucho antes de los discursos de la ecología, en ese respeto por nuestro universo natural y por nuestras culturas aborígenes que comenzó mucho antes de los discursos de la antropología, pero que se ha enriquecido con ellos.

Los saberes de las ciencias y de las artes deben llegar por fin a los que hacen el relato complejo de las naciones y lo traducen en soluciones prácticas y en metas políticas. Los relatos y las síntesis de la diversidad coherente podrán reemplazar a los discursos a veces simplificadores de la identidad; servirán para ayudarnos a dialogar mejor con el mundo, y para algo tan necesario y tan urgente como eso: a dialogar de un modo más vivo y más revelador con nosotros mismos.

(Leído en Paipa, Boyacá, en un seminario sobre la identidad.)

LOS CAMINOS DE HIERRO DE LA MEMORIA

1

Hacia 1840, la extensa región que conformaría más tarde el Eje Cafetero colombiano era una selva casi impenetrable, entre el cañón del río Cauca y el valle del Magdalena, entre las últimas parcelas del sur de Antioquia y las primeras haciendas del Valle del Cauca.

Parecían tierras intocadas por la historia, pero sus pobladores antiguos, pantágoras, onimes, marquetones, gualíes, ebéjicos, noriscos, carrapas y picaras, exquisitos ceramistas quimbayas y refinados orfebres calimas, habían sido arrasados tres siglos atrás por la Conquista, por las espadas de Robledo y las herraduras de César, las lanzas de Jiménez de Quesada, las jaurías de Galarza y los incendios de Núñez Pedrozo.

Una densa vegetación de guaduales y guarumos, guarandás y guayacanes, guamos y guásimos, carboneros y palmas de cera amanecía en el bullicio de todas las aves del mundo; jaguares y serpientes, osos y venados silvestres, armadillos, guatinajos, saínos y zorros, vivían bajo los millares de monos que saltaban entre los árboles. Pero esas selvas vírgenes guardaban la memoria de su pasado: incontables obras de arte y de religión, cementerios de indios revestidos de oro.

Parecían también selvas sin dueño, pero desde la Conquista la tierra de todos se había vuelto tierra de unos cuantos. Tras la Independencia los latifundios pasaron íntegros de manos españolas a manos de generales criollos o empresas extranjeras, y uno de los mayores estaba precisamente en aquella región de la cordillera Central: eran las 200.000 hectáreas de la Concesión Aranzazu. Según las escrituras, en 1763 el rey de España se las había concedido a José María de Aranzazu: un siglo después sus herederos criollos y sus aliados ejercían allí un dominio implacable.

Explotaban minas de oro y mercurio, y defendían a sangre y fuego las fronteras de aquel país privado, sus selvas llenas de tesoros. Pero a mediados del siglo XIX éramos ya más de dos millones y medio de habitantes; las regiones pobladas estaban saturadas de gente, y comenzó la forzosa expansión de caucanos, santandereanos y antioqueños hacia las tierras vírgenes.

Si ya el latifundio de Felipe Villegas se había convertido en los municipios de Abejorral y Sonsón, ¿no era justo que las selvas de los Aranzazu se convirtieran también en pueblos y ciudades, en parcelas de miles de colonos y no en el feudo de una sola familia? Allí comenzó otra de las guerras colombianas que apenas se han contado: la de la Concesión Aranzazu contra los colonos que venían descubriendo de árboles y venados las tierras cultivables.

No creían que las montañas del centro del país fueran excelentes para la agricultura: venían buscando el oro que olvidaron los conquistadores. Lo mismo las minas inexploradas que el oro de las tumbas indígenas. Rosarios y escapularios, hisopos con agua bendita y cruces de mayo rezadas por obispos los protegerían de los ensalmos y maldiciones que sellaban las tumbas. Tomaban los poporos y los pectorales, arrojaban huesos y cántaros, y encima de las guacas abiertas alzaban chozas y enramadas.

Uno de los pioneros de la colonización había sido Fermín López Buitrago, quien recorrió temprano aquellas tierras fundando pueblos de un día y trazando caminos que después nadie pudo borrar. Fundó a Salamina, llegó a lo que sería Manizales, pero de todas partes lo expulsaban los dueños de todo, hasta que finalmente en Santa Rosa pudo fundar otro pueblo duradero. Siguiendo su rastro creció con las décadas la presión de los colonos: algunos sólo traían hambre, otros recuas de mulas y de bueyes. Siempre tropezaban con los esbirros de Aranzazu y de los socios González y Salazar, que esgrimían sus títulos, quemaban las chozas y los caseríos y asesinaban a los colonos.

Colonos indignados mataron en el puente de Neira a uno de los hombres más ricos del país: Elías González, socio de la gran empresa González, Salazar y Cía., dueño de tabacales en Mariquita y de salinas en Neira; un poderoso señor feudal que estaba construyendo por razones privadas uno de los caminos más difíciles del país: el que uniría por los abismos del Ruiz sus minas de sal en Salamina con sus haciendas de tabaco en el valle del Magdalena.

Para apagar la guerra, el gobierno dividió por fin la concesión. Dejó a sus dueños 90.000 hectáreas y repartió 110.000 entre los colonos. Así nacieron Marulanda, Filadelfia, Aranzazu, Neira y Manizales.

Vinieron más colonos, y acompañando aquel avance venían los mineros ingleses. Estaban aquí desde las guerras de Independencia; a cambio de sus empréstitos recibieron licencias para explotar las minas. Sabían que los españoles sólo habían extraído el oro que puede obtenerse con brazos y picas, pero ellos traían técnicas nuevas y poderosas porque Inglaterra estaba siendo transformada por la revolución industrial. Fue tal su influencia, que las nuevas fincas y pueblos ya obedecían al estilo de la arquitectura de las colonias inglesas de la India y del Caribe: no eran casas de piedra con patios cerrados y geranios en las rejas sino casas de tabla parada con grandes aleros y corredores de barandas pintadas de colores.

Habíamos vivido por siglos del oro, de la quina, del añil y el tabaco. Pronto se descubrió que aquel suelo recién colonizado era óptimo para el cultivo del café, una planta abisinia que había llegado a Santander de las Antillas, y que ya se cultivaba en La Mesa, en las vertientes de la cordillera Oriental que miran al Tolima.

Y Colombia pasó de la economía de las grandes haciendas a la de los minifundios cafeteros. No era un cultivo apenas lo que nacía: era una época de nuestra historia.

2

En Manizales, para poder hacer la casa, había que hacer primero el lote.

Esa leyenda popular ilustra las dificultades de los hombres que decidieron fundar aquel caserío a la vez en las crestas de la cordillera y en el corazón de una selva. *Una valiosa antología: Manizales, su historia y su cultura*, de Pedro Felipe Hoyos, permite ver ese impresionante proceso que convirtió un poblado lluvioso de mediados del siglo XIX en la más dinámica ciudad del país a comienzos del XX.

Empezó en 1834, cuando una segunda oleada de colonos salió de Marmato, el pueblo de oro colonial construido a riesgo sobre los túneles de la montaña. Con Antonio Arango y con Nicolás Echeverry venía el alemán Wilhelm Deghenhardt: querían conocer el Nevado del Ruiz, estudiar su potencial minero, aprovechar la descendencia cimarrona de un ganado abandonado en otras décadas que ahora proliferaba en los páramos.

Diez años después, Arango y Echeverry, acompañados entre otros por Manuel Grisales y Agapito Montaño, por Benito Rodríguez y Gil Vicente, a quien llamaban Capón Saraviado, volvieron con once bueyes a buscar más ganado, y terminaron fundando un caserío. Así eran esos tiempos, a veces resultaba tan difícil volver al sitio de origen que era preferible inventar otro pueblo.

Lo que vemos aquí fue la lenta, inevitablemente violenta, población de las tierras centrales: colonos contra indígenas, terratenientes contra colonos, todos contra la naturaleza, y la naturaleza contra todos. Manizales, tal vez porque fue tan difícil fundarla en las crestas de la cordillera, entre los remezones de la tierra y el rugido del volcán, entre el barro de los deslizamientos y la tristeza de la lluvia, se fue convirtiendo en el centro de un mundo.

Algunos de los primeros colonos, después mitologizados como "Los Fundadores" y exaltados en su escultura tutelar por Luis Guillermo Vallejo, tras mil conflictos con la Concesión Aranzazu ascendieron a terratenientes y emprendieron una exitosa carrera como agricultores y comerciantes. Cultivaron cacao y domaron la hacienda cimarrona para establecer la primera industria de lácteos. Lo que había sido selva se cruzó de caminos: ya en las hondonadas se oían más las hachas que los pájaros.

El cacao ensanchó los caminos que iban a la tierra de origen; el comercio de quesos los abrió hacia las llanuras inundadas del sur y a las mansiones y claustros del Cauca Grande. Las tierras ofrecidas por el gobierno estaban repartidas pero los colonos seguían llegando: siguió la colonización de las selvas del Risaralda, y otra tierra prometida, los yarumales y los guaduales infinitos del Quindío.

El difunto Elías González había trazado un camino sobre la cuerda floja del abismo de Letras, para salir al valle del Magdalena y conectar con el centro del país y con el mundo. A finales del XIX, ya diez mil bueyes recorrían esa ruta de tierra inestable, "hondos fangales donde las bestias se consumen hasta los pechos", ríos de piedras, redes de raíces, derrumbaderos de greda, suelos de estacas y de púas, una telaraña de chorros y saltos y resbaladeros casi borrados por la niebla, y una lluvia incansable sobre tantos fantasmas de mulas y bueyes y peones despeñados. Baste saber que un viento atroz mató a cuarenta mulas un día en un solo paso de la montaña.

Bajaban al puerto de Honda el fruto de las tierras colonizadas, subían manufacturas de los países industriales. El avance hacia el sur fundó entre tantos pueblos a Pereira, sobre el Otún, en las ruinas de la vieja Cartago, a Armenia y Chinchiná, Caicedonia y Sevilla. El descenso al oriente fundó a Soledad, tan parecida a su nombre que mejor se lo cambiaron por Herveo, y a Fresno ante la primera luz de la planicie. Líbano, Villahermosa, Casabianca, Murillo, Manzanares, Pensilvania: no hubo desde la Conquista una fiebre de fundaciones como esa, que llevó incluso a la quinta fundación de Victoria. Donde las mulas se echaban con las petacas corría el riesgo de nacer algún pueblo.

En las últimas décadas del siglo XIX la producción anual de café pasó de 60.000 sacos a 600.000. Aunque ya empezaba a cultivarse en las tierras colonizadas, lo producían sobre todo las haciendas de Santander y Cundinamarca. Pero al final del siglo una dramática caída de los precios golpeó las haciendas, y el café del Viejo Caldas respondió mejor a la crisis. Abundantes hijos proveían la mano de obra y la calidad del café cosechado era mejor.

Pero nadie sabía que lo que estaba naciendo era una región económica y que, aunque poderosa, esa economía no significaría tanto opulencia como estabilidad: una dinámica de la que podían participar tantas familias hizo nacer una tradición de arraigo y de orgullo, abrió camino a una democracia posible, dio poder de consumo a los productores, integró al país comunicando sus regiones, enlazando el norte y el sur, el oriente y el occidente.

No habían llegado los tiempos bárbaros en que el precio final de los productos es más importante que el orden que propicia su cultivo, no habían llegado los tiempos en que se podía destruir un orden social y familiar, todo un sistema de trabajo y de relaciones humanas, sólo porque los productos puedan conseguirse más baratos en otra parte.

Hasta alemanes como Julius Richter, que soñaban aún con El Dorado, descubrieron que el oro estaba menos en las minas que en las ramas: muy pronto una pequeña región del centro del país iba a hacer visible a Colombia en el mercado mundial, y nos asomaría a los primeros sueños de la modernidad.

Para que ello ocurriera, entraron en acción los ingleses.

3

Nuestro gran desafío desde el comienzo era unir y comunicar el país.

Pero a la extrema diversidad geográfica se añadía la complejidad racial, la opresión de indios y de esclavos, el culto a las metrópolis ilustres y el menosprecio por todo lo local. Esta geografía impuso proezas, sufrimientos y brutalidades. La exploración del territorio, el paso de los ríos y hasta la apertura de caminos exigieron desde el comienzo hazañas heroicas.

Pero también esa diversidad, unida a las odiosas estratificaciones que dejó la Colonia, a la disputa por las riquezas del suelo y por el suelo mismo, nos hundió sin cesar en guerras y conflictos. Pocas cosas tan difíciles de seguir y de explicar como la sucesión de las guerras colombianas.

Los caminos, que prometían el progreso, también abrieron paso al conflicto incesante. No es por realismo mágico que García Márquez habla de las treinta y dos guerras del coronel Aureliano Buendía. Mientras llegaba el cultivo del café a las tierras quebradas de Caldas, Colombia vivía la guerra civil de 1851, la del 54, la del 60, la del 76, la del 85 y la del 95. Después, la guerra de los Mil Días le costó al país doscientos mil muertos, el cinco por ciento de su población, que es como si hoy una guerra arrebatara dos millones de vidas.

El gobierno había confiado al alemán Elbers la navegación por el Magdalena, pero en Honda los raudales impedían que las naves alcanzaran la parte alta del río. Había un tramo que los barcos de gran calado no podían superar, y eso hizo aún más necesarios los ferrocarriles.

Antes del café, la economía giraba alrededor del tabaco. Por primera vez los ingleses abandonaron las minas y pusieron su interés en otro producto. Todavía en Ambalema la casa de los ingleses, que manejó el embarque de tabaco hacia Europa, y la casa donde se prensaban las hojas, esperan su restauración y su nuevo destino.

Los ingleses habían explotado las minas de Marmato y Supía, las minas de Mariquita y Santa Ana. Hijo de un ingeniero irlandés era Diego Fallon, el poeta que descubrió a la Luna en los cañones del Gualí, y que escribió el poema más famoso de Colombia antes de que llegara la música de José Asunción Silva.

Esos británicos traían ya "la mineralogía, la mecánica aplicada, la teoría del calor, la química inorgánica, los métodos geofísicos, el sismógrafo, la ingeniería de vías, los reactivos químicos, la rueda hidráulica, la técnica de amalgamación". Traían el molino liviano de pistones, el monitor hidráulico, la draga flotante; pasaron del mercurio al cianuro, trajeron la turbina Pelton y la dinamita.

Mientras el país se desangraba en la guerra, entre 1899 y 1903, que fue también responsable de la pérdida de Panamá, la cosecha de los campesinos cafeteros de Caldas abrió para el país un horizonte nuevo. Pero había un problema.

Nadie sabía cómo sacar esos millones de sacos hacia los puertos: ni siquiera los diez mil bueyes de Letras lograban bajar el café al valle del Magdalena. Entonces Thomas Miller y sus ingenieros ingleses hicieron una propuesta genial: tender un cable aéreo por aquellos abismos, llevar en vagonetas desde Manizales hasta Mariquita la cosecha cafetera.

En 1912, con la dirección del ingeniero australiano James Lindsay, empezaron las obras que parecían imposibles. El tendido de los cables se hizo desde Mariquita, subiendo la cordillera. La guerra del 14 interrumpió por un tiempo los trabajos y se dice que el barco que traía una de las torres principales fue hundido por alemanes en el Atlántico. Ello hizo necesario reemplazar el hierro inglés por troncos de guayacán de las montañas, y en mayo de 1922 un cable aéreo de 72 kilómetros, el más largo del mundo en su tiempo, fue inaugurado en un banquete donde giraba por un gran salón, llevando flores en sus vagonetas, una réplica en miniatura de la obra.

Ese cable convirtió a Manizales en la ciudad más dinámica del país. Todavía era un pueblo grande de casonas de tabla parada y balcones de colores, una imprudente sucesión de casas de madera pegadas una a otra como jamás lo habrían recomendado los ingleses, y con una catedral de cedro, nogal y maderas balsámicas que era orgullo de los piadosos campesinos iniciados en las costumbres urbanas.

En 1925 un incendio consumió treinta y dos manzanas, y las llamas alcanzaron a morder la catedral perfumada. Un año después un segundo incendio se llevó otras manzanas y devoró la catedral por completo. La ciudad emprendió su reconstrucción con edificios diseñados por arquitectos notables, y se empeñó en alzar una catedral capaz de resistir a dos grandes enemigos: el fuego implacable y los terremotos que desmoronaban los barrios en el abismo.

Necesitaba inventarse un pasado: se aferraba al gótico, al hispanismo, a las filigranas del mundo grecolatino, pero también quería estar a la altura de la modernidad. Un bisnieto de aquel Julius Richter que había venido a trabajar en las minas, Danilo Cruz Vélez, discípulo de Heidegger en Friburgo, habría de convertirse en uno de los más importantes filósofos de Colombia.

John Wotard diseñó en 1926 la estación del ferrocarril. La catedral vertiginosa, vaciada en concreto, hecha para desafiar al volcán y al incendio, fue diseñada por Julien Auguste Polti, jefe de monumentos públicos de París, y se convirtió en 1939 en el ápice de aquella ciudad de contrastes, todavía llena de brujas y aparecidos, todavía olorosa a yerbabuena y a musgo, pero que era ya la capital de la primera comarca campesina en Colombia conectada de verdad con el mundo.

4

Al lado del camino de agua hicieron el camino de hierro.

Hacia 1886, un hombre llamado Antonio Acosta estableció en un pequeño puerto llamado La Curva del Conejo una venta de leña para los vapores que bajaban y subían por el Magdalena. La destrucción de las selvas había comenzado mucho antes: en típico rebusque colombiano los vendedores de leña empezaron a potrerizar las orillas, los bosques acabaron en las calderas de los barcos, la tierra que soltaban las raíces se sedimentó en el lecho del río, y fue así como los propios barcos acabaron con la navegación.

Pero por un tiempo el fenómeno le dio prosperidad a aquel poblado, al que llegaron hacia 1904 muchos guerrilleros que había dejado sin oficio el final de la Guerra de los Mil Días. Desde Ambalema, que llenó de humo aromático los pulmones europeos casi un siglo, se estaba tendiendo el ferrocarril que pasaría por Beltrán, San Lorenzo, Mariquita, Honda y Yeguas, hasta llegar al Conejo, que alguien vislumbraba como gran puerto fluvial del futuro. Y aquellos guerrilleros, cansados de plomo, se aplicaron a otro metal: a tender los rieles del tren en cuyos vagones venía el siglo XX.

Al comienzo, en el mapa, los caminos de hierro eran casi imperceptibles: recomenzaba la lucha con esta naturaleza rebelde. En 1855 ya un ferrocarril, entre Ciudad de Panamá y Colón, había unido el océano Atlántico con el Pacífico. Tímidamente avanzaron las carrileras, como las llamamos en Colombia: de Barranquilla a Sabanilla, de Santa Marta a Ciénaga, de Cartagena a Calamar, de

Medellín al Magdalena, de Cúcuta al Táchira, de Medellín a Amagá, de Cali a Buenaventura, de Bogotá a Facatativá, de Bogotá a Girardot, de Girardot a Ibagué con un ramal que seguía para Neiva.

A finales del XIX la iniciativa modernizadora tuvo el respaldo de la administración de Manuel Murillo Toro. A principios del XX Rafael Reyes le dio empuje. Y fue Pedro Nel Ospina, ingeniero, quien en 1922, aprovechando la indemnización de veinticinco millones de dólares que Estados Unidos pagaba por Panamá, intentó la prolongación de aquellos tramos para formar tres grandes troncales ferroviarias: Bogotá-Buenaventura, cuyo principal obstáculo era el paso de Ibagué a Armenia; Pasto-Mompox, que debía pasar por Popayán, Cali, el cañón del Cauca y la Boca de Tocaloa; y la ruta Bogotá-Santa Marta, pasando por Tunja, Sogamoso, el Chicamocha, Bucaramanga y Puerto Wilches.

Cada tramo tenía un desafío: el mayor era la cordillera Central, y en 1914 empezaron los estudios para unir a Ibagué con Armenia. En 1920 se definió por dónde perforar la cordillera, pasando la depresión de Calarcá, para llegar al Pacífico. Ya habían comenzado los trabajos cuando otra gran depresión, la crisis del año 29, acabó con el proyecto.

Pero así pasó el ferrocarril por Ambalema y recogió las últimas grandes cosechas de tabaco, y así se encontraron en Mariquita las locomotoras de la Dorada Railway Company con las vagonetas de la Ropeway Branch que bajaban la cosecha cafetera.

Para administrarla, se estableció desde 1905 en Mariquita la Ciudadela Inglesa. Bordeada de canales para controlar inundaciones, era ejemplo notable de la arquitectura de la época. Todavía sobreviven en ruinas, pero con sus estructuras intactas bajo los árboles, la estación del ferrocarril, la estación del cable aéreo, las inmensas bodegas, los talleres, las quintas de ingenieros y la capilla de esa ciudadela que duró cincuenta años y que tuvo en su tiempo iglesia anglicana y cementerio inglés.

Un capítulo de nuestra historia parece caerse a pedazos a la sombra de cámbulos y ceibas. Alrededor han construido urbanizaciones, pero de las cuarenta y dos hectáreas originales queda espacio suficiente para una Ciudadela de la memoria, antes de que sea arrasada por el olvido.

Esos diez mil metros cuadrados de construcciones en peligro nos hablan todavía de gestas asombrosas y promesas frustradas. Tantas cosas se cruzan allí: la ruta de la Expedición Botánica y la memoria de la navegación por el río, la colonización de las selvas centrales, medio siglo de fundaciones, el relato de la Concesión Aranzazu, la saga del café y muchos relatos que marcaron nuestro destino: los diez mil bueyes del Camino de la Moravia, las llanuras del tabaco, las minas de alemanes e ingleses, las ruinas de Santa Ana bajo la luna de Fallon, el tendido de los ferrocarriles, el cable aéreo que inspiró el de Gamarra a Ocaña y el de Manizales al Chocó, las vagonetas en la niebla del páramo descendiendo hacia la tierra caliente, la edad en que los esfuerzos de nativos, criollos e inmigrantes nos pusieron a las puertas de la modernidad.

Esa historia de hace un siglo cambió la cara de una vasta región y dejó salpicadas de apellidos ingleses a las estirpes criollas de la montaña, pero no sólo es una invitación a recuperar la memoria. La vieja ciudadela debería convertirse en lugar de visita para viajeros, de trabajo para organizaciones y talleres de creación, en centro de reflexión sobre suelos y pisos térmicos, sobre las relaciones entre los glaciares y el río, sobre clima y transporte, sobre modelos económicos y desafíos ecológicos. Testimonio visible de una edad del continente, es el espacio ideal de muchas cosas necesarias y urgentes para aprender a habitar con respeto y sabiduría el territorio, como nos lo recuerdan cada día, pocos kilómetros al sur, las ruinas de Armero, arrasada por la desmemoria, la negligencia y la ignorancia.

Porque aquí cada pueblo guarda una historia, cada camino significó una hazaña y cada tecnología dibujó una promesa, pero también cada olvido y cada negligencia labraron para muchos una catástrofe.

EL DIBUJO SECRETO DE AMÉRICA LATINA

Desde los tiempos en que Bolívar escribió su "Carta de Jamaica", una tarea fundamental de este continente es el diálogo entre la unidad y la diversidad. Mentiríamos si dijéramos que nuestra América es una: por todas partes surge la evidencia de su pluralidad: desde los desiertos de coyotes de Sonora hasta los "vértigos horizontales" de la Patagonia, desde los incontables azules del Caribe hasta ese "verde que es de todos los colores" de la cordillera y la selva, desde el aire de fuego de las costas caribeñas hasta la noche blanca de los páramos, desde la fecundidad de valles y de pampas hasta lo que llamaba Neruda "el estelar caballo desbocado del hielo". Y no hablo sólo de la extraordinaria diversidad geográfica y biológica sino, en ella y sobre ella, de la diversidad de los pueblos y de sus culturas, o de algo más sugestivo aún, los muchos matices irrenunciables de una vasta cultura continental.

En esa misma "Carta de Jamaica", Bolívar afirmaba que "somos un pequeño género humano". Dos siglos después, hay que quitarle el adjetivo "pequeño" a esa frase y afirmar que somos una muestra muy amplia del género humano, porque tal vez en ningún otro lugar del planeta está más presente la diversidad de la especie. Alguna vez el doctor

Samuel Johnson le dijo a James Boswell: "Amigo mío, si alguien está cansado de Londres, está cansado de la vida, porque Londres tiene todo lo que la vida puede ofrecer". Pero ¿qué es hoy la diversidad de Londres, de París o de Nueva York comparada con la diversidad de São Paulo, de México, de Buenos Aires o de las Antillas? Las viejas metrópolis se apresuran a imitarnos y se llenan vertiginosamente de inmigrantes, Londres se llena de caribeños pero sin el mar Caribe a la vista, París se llena de muecines y de senegaleses pero no tiene el desierto ni las praderas fluviales de África, Madrid ve llegar a los suramericanos, pero siguen estando lejos los Andes y la selva amazónica.

Europa sigue siendo un continente de tamaño humano, como diría George Steiner: el continente de los cafés, el continente que fue medido por las pisadas de los caminantes, el continente que ha convertido sus calles y sus plazas en una memoria de grandes hombres y de hechos históricos, el continente que descubrió que Dios tiene rostro humano. Nuestra América es definitivamente otra cosa, aquí la naturaleza no ha sido borrada, aquí sí hay verdaderas selvas y verdaderos desiertos. Allá todos los caminos llevan a Roma, aquí todas las aguas buscan el río, nada tiene unas dimensiones humanas, todo nos excede, y Dios mismo necesita otros rostros y otras metáforas para ser concebido, para ser celebrado.

Fue Paul Verlaine, maestro sensorial y musical de los poetas hispanoamericanos, quien escribió en su arte poética que lo importante no es el color sino el matiz, y creo que si a algo nos hemos aplicado los pueblos de este continente es a desplegar y ahondar en los matices locales y particulares de una cultura cuyos trazos generales son similares. Quiero decir con ello que si hay una característica común de la cultura latinoamericana es que nada en ella puede reclamarse hoy como absolutamente nativo, salvo quizás esos pueblos mágicos del Amazonas que nunca han entrado en contacto con algo distinto. En otras regiones del mundo, hasta hace poco tiempo, podía hablarse de pureza, de razas puras, de lenguas incontaminadas. Aquí las mezclas comenzaron muy temprano, no para llegar a lo indiferenciado sino para producir en todos los casos cosas verdaderamente nuevas. Digamos que en nuestra cultura continental casi nada es nativo pero todo es original. John Keats decía que explicar un poema puede equivaler a "destejer el arcoíris"; lo mismo podríamos decir del proceso de revelar todas las tradiciones, todas las fusiones, que llevaron al nacimiento de la cumbia o del tango, de Pedro Páramo o de Macondo, de la obra de Niemeyer o de la de Borges.

Caminaba yo una vez por un museo de México cuando pasaron a mi lado dos personas y alcancé a oír que una decía a la otra: "Hay tres culturas en el mundo: la asiática del arroz, la europea del trigo y la americana del maíz". La frase, recibida así "por los caminos del viento", como dice la canción, no me pareció tan importante por su contenido cuanto por su enfoque. Dejaba al África por fuera, y eso ya era grave, pero atribuir la raíz última de la cultura a la alimentación y a los bienes básicos de la naturaleza me pareció original en el sentido profundo de que habla de orígenes. En esa medida podríamos decir que aunque los pueblos nativos de América eran muy distintos unos de otros, aztecas, incas, muiscas, sioux, arhuacos, taínos, los centenares de pueblos que habitaban el continente compartían la cultura del maíz, y no hablo sólo de los hábitos alimenticios sino de los dioses, los ritos y las pautas de civilización que nacen de él.

Hoy se habla mucho de globalización, pero ese proceso comenzó hace siglos. Ya el cristianismo, que fundió en su trinidad mitos hebreos, ideas griegas y ambiciones romanas, era un fenómeno de globalización. Y lo que suele llamarse el descubrimiento y la conquista de América fue una de las grandes avanzadas de ese viento global. Hoy, si en algo estamos globalizados, es en el modo como los pueblos del mundo compartimos los productos de la naturaleza: yo he visto maizales en Illinois, en el norte de Italia y en las praderas de Katmandú, he visto trigales en Rosario y en las llanuras de Francia, sé de los arrozales de Birmania y de los del Tolima. Ello parece decirnos que no reinan ya los dioses del lugar, que muchas cosas que antes eran locales son planetarias, que las divinidades del opio, del vino, de la amonita muscárida o del cornezuelo de centeno hace rato reinan sobre el planeta entero y ya no instauran religiones, en el sentido profundo de ritos que religuen a los seres humanos.

En el humano luchan y dialogan dos tendencias: el interminable deseo de arraigar y la insaciable necesidad de otros mundos y otros cielos. Si hasta el árbol, que parece tan condenado a no moverse, arroja al viento sus nubes de semillas y hace crecer sus hijos muy lejos, qué decir de esta especie nuestra, siempre insatisfecha, que arraigada en la patria sueña mundos desconocidos, y extraviada en el exilio añora sin fin el paraíso perdido. Hace unas semanas pude ver cómo los noruegos, grandes caminantes y grandes navegantes, que viven hoy en un país próspero y confortable, sienten su costa como un hermoso barco encallado en la vecindad de los hielos, y viven un anhelo profundo de tierras remotas y de mares tórridos. Esto es tan intenso que incluso beben un Aquavit que tiene que haber ido hacia el sur hasta cruzar la línea ecuatorial y haber vuelto, para tener el gusto adecuado.

La humana es una historia de diásporas. Según dicen las noticias recientes, esos dos mil seres a los que alguna vez se redujo la humanidad, en el momento más vulnerable de su existencia, se dispersaron en pequeñas hordas por el mapa del África hace cientos de miles de años, y cuando volvieron a verse eran ya tan distintos, que parecían a punto de configurar varias especies. Nosotros mismos tenemos que admitir que los nativos de América, los primitivos habitantes del territorio, llegaron algún día por caminos de hielo desde las estepas del Asia, o navegando desde la Polinesia hasta las costas de Chile. Así que todo arraigo es hijo de una diáspora previa, y tal vez todo amor por el suelo nativo oculta la honda nostalgia de una tierra perdida en los meandros del pasado.

Lo nuestro es la edad de las naciones, y entre nosotros esos estados nacionales son un fenómeno tan reciente que casi puede observarse a simple vista. Venimos de formar parte subalterna del primer gran imperio planetario, y hace apenas dos siglos los países emergimos a un intento de vida independiente. Pero ya las sociedades anteriores a la llegada de los europeos habían alcanzado ciertos rasgos distintivos que después la historia no ha podido borrar: el culto al padre mítico y el diálogo con la muerte propio de la cultura mexicana, la fragmentación mítica del territorio propia de la cultura colombiana, la insularidad de la cultura cubana, la noción del triple mundo propia de la cultura inca, los mundos del cóndor, del puma y de la serpiente, que eran desde temprano la percepción de una realidad en la que tienen que dialogar y entenderse de un modo complejo las montañas nevadas, las fértiles tierras medias y la selva fluvial.

La violenta conquista y la edad colonial rompieron muchas cosas y añadieron muchas otras al mosaico: pienso en la reviviscencia del culto de la diosa madre indígena de las lagunas bajo la forma de las vírgenes mestizas de Guadalupe o de Chiquinquirá. Hay en el altar mayor de la iglesia de San Francisco, en Quito, la imagen de una virgen alada y grávida que no es posible encontrar en la iconografía católica europea. Muchos la asocian con la virgen alada que Juan de Patmos describe en el Apocalipsis, pero los estudiosos del arte religioso colonial ven en ella una representación de la Pachamama inca, y dicen que el artista tallador, Bernardo de Legarda, un indígena quiteño, sólo se animó a hacer sus vírgenes aladas, muchas de ellas con rostro indio, cuando vio llegar en barco a las costas del Pacífico unas muñecas birmanas de madera. Así son los caminos de nuestra cultura: a veces utilizamos los aportes del mundo entero para expresar lo más profundo y original de nuestro ser. El vistoso politeísmo del santoral católico latinoamericano logra mediante complejas astucias rituales que el culto de un dios único no sea incompatible con el culto de infinitas divinidades menores, identificables y especializadas. Y Derek Walcott argumentó con gran belleza y sabiduría en su discurso para recibir el Premio Nobel de Literatura en 1992, que la mirada colonial, el discurso superficial de las metrópolis, no advierte que en nuestras aparentes imitaciones hay una originalidad nueva, la expresión de algo que no es derivación sino plenitud presente; que la representación del Ramayana que hacen en verano en Trinidad incontables muchachos de origen hindú no es una obra de teatro sino una obra de fe, no es imitación sino originalidad.

En nada se advierte tan nítidamente el modo como lo ajeno se volvió carne y sangre propia como en el vasto tejido de las lenguas europeas llegadas a América, en las que empezaron a circular desde muy temprano las savias del mundo americano, y en cuyas literaturas fue emergiendo la exuberancia de las regiones del continente. Las literaturas americanas son fruto del encuentro de unas lenguas ya formadas con un mundo desconocido. La tensión entre unas lenguas establecidas y un mundo sorprendente representó para nosotros desde el comienzo la tensión entre lo real y lo mágico, ya que la magia no es más que lo que obedece a otras leyes. Es conveniente recordar que, aunque las civilizaciones del planeta registran una historia varias veces milenaria, hace apenas cinco siglos dos mitades del mundo estaban completamente incomunicadas. La Tierra, como la Luna, tenía una cara oculta, y el encuentro entre esas dos maneras de lo humano desarrolladas a lo largo de los milenios de un modo independiente planteaba los más apasionantes desafíos para la vida y para la imaginación. Fue algo más extraño aún que si el latín hubiera arraigado en África, fue como si, a consecuencia de las aventuras en el espacio exterior, el inglés arraigara en algún planeta con vida inteligente.

Ahora bien, es muy distinto lo que ocurrió en las dos mitades del continente americano. En el norte la lengua inglesa sólo tuvo que hacer un esfuerzo por reconocer el mundo físico y por permitir que las culturas llegadas de lejos arraigaran en él, en tanto que en la América Latina, donde florecían diversas y complejas civilizaciones, y donde no fueron exterminados completamente los pueblos indígenas, las lenguas latinas tuvieron que dialogar con las lenguas nativas, aunque ese no fuera su propósito inicial, y todavía hoy siguen haciéndolo. Lo que en los últimos siglos, de un modo creciente, ha mostrado nuestra literatura es la forma gradual como asciende a través de una lengua ajena la savia de un mundo nativo, con sus colores y sus metáforas, con sus sueños más inexplicables y sus recuerdos más profundos, con la radical extrañeza de sus modos de representación. Se sienten en ella la profusión, la exuberancia, el colorido y la fragancia de una tierra nueva, de unas selvas que no habían sido taladas jamás, de una fecundidad de los suelos, de una abundancia de mamíferos y de insectos, de reptiles y de aves en la que nuestra época de postrimerías bien puede encontrar las virtudes del paraíso.

La literatura de la América Latina comenzó con las crónicas de Indias. Detrás de las campañas casi siempre brutales de los conquistadores avanzó una asombrada legión de cronistas describiendo la naturaleza, interrogando las selvas, los suelos, los climas, la fauna, las culturas nativas, sus costumbres y sus mitologías. Dado que los grandes letrados permanecieron en el mundo europeo, la historia tuvo que improvisar sus historiadores, sus narradores y sus poetas, con soldados más llenos de curiosidad que de información, hombres apenas formados en la tradición cultural de sus tierras de origen pero dueños de un singular espíritu de observación y de esa extraordinaria audacia mental que caracterizaba a los hombres del Renacimiento. Y allí ocurrió un fenómeno muy significativo: muchos querían solamente cantar las hazañas de los grandes capitanes de conquista, querían pintar sus retratos con el paisaje de fondo del mundo americano, pero ese escenario era tan vigoroso que muchas veces el retrato se perdió detrás de las selvas y las anacondas, de los caimanes y los ríos, de las tempestades y los pájaros. El mundo americano avanzó como una enredadera sobre las páginas de los cronistas y lo invadió por completo, y les demostró que aquí el hombre no puede llenar todo el cuadro. Los cronistas de Indias no podían bastarse con repetir lo aprendido en su mundo de origen, y dado que "en los comienzos de una literatura nombrar equivale a crear", aquellos aventureros tuvieron que inventar un lenguaje y prepararon el terreno para una extraordinaria literatura.

Desde temprano se empezó a hablar en el arte y en la literatura del barroco latinoamericano. Pero si el barroco, como ha dicho Borges, es la manifestación final de todo arte, ese momento en que un lenguaje extrema sus posibilidades y "linda con su propia caricatura", el arte de nuestros orígenes no podía corresponder a esa definición crepuscular. A los europeos les parecieron barrocas esas fachadas de los templos católicos donde se combinaban de un modo imaginativo y caprichoso los decorados del Renacimiento con los dibujos de las tradiciones indígenas, pero esas cosas no obedecían a razones ornamentales, ostentosas o retóricas, sino a necesidades concretas, una de las cuales era hacer convivir las culturas y fusionar sus símbolos en una estética que difícilmente podía caracterizarse por su austeridad.

Hace poco, de visita en la ciudad del Cuzco, me contaron que en los primeros tiempos, después de construida la catedral sobre las ruinas del templo del Sol, los sacerdotes católicos les preguntaron a los jefes incas por qué los nativos no entraban al templo, si había sido construido para ellos. Los jefes contestaron que no podían ver como un sitio de culto un lugar donde no entrara el Sol. Los sacerdotes tuvieron entonces la idea de abrir unas ventanas hacia el oeste que recibieran la luz de la mañana y disponer grandes espejos en el interior para que la luz se multiplicara por todas partes. Sólo después de esto los indios entraron finalmente en el templo, pero quizá no del todo a adorar al dios cristiano sino porque el dios solar había hecho suyo el recinto. Y ya en la propia España se habían dado por siglos fusiones entre el mundo cristiano y el moro; la realidad estaba ajedrezada y también la imaginación. Eso ayuda a entender la aparición de un poeta tan extraño y fascinante como Luis de Góngora y Argote, nacido en lo que fueron los viejos reinos moros, y cuyo amor por la sonoridad de las palabras parece pertenecer al orden de la poesía árabe, más interesada por la musicalidad que por el sentido.

Una vez más, allí encontramos la leyenda de una influencia. Se atribuye a una imitación del culteranismo de Góngora la obra del magnífico poeta de Tunja, Hernando Domínguez Camargo, en el siglo XVII. Pero hay que añadir que su profusión de metáforas nacía de una zona fronteriza entre lenguas distintas, entre universos mentales distintos, y revela también un esfuerzo extremo por pertenecer a Europa, pero a una Europa inaccesible para un pobre clérigo de las colonias, una Europa magnificada y desdibujada por la distancia. Esos énfasis son más bien la extrema tensión de un creador que no está en el centro de una cultura sino en sus orillas, la lengua de los que sueñan con otros mundos, una aventura de metáforas comparable a la tradición de los *skaldos* septentrionales.

Parece barroca la ornamentación de los retablos de los templos y de la pintura colonial, llena de frutos, hojas y flores nuevas, de un bestiario a menudo fabuloso. Pero ¿cómo llamar barroca a la representación de las piñas y de los armadillos, si no son exageraciones ni inventos sino la fidelidad clásica a unas formas naturales? Sería tan necio como hablar del barroquismo del pico enorme del tucán, de los colores del papagayo o de la exuberancia de las selvas equinocciales. Allí donde la naturaleza es exuberante no estamos en presencia de un énfasis estético sino de otro canon de lo natural, de un clasicismo sujeto a otras leyes.

El arte europeo buscó, desde los griegos, la justa medida y el equilibrio. Buscó también sujetarse siempre a un patrón humano, pues Europa no sólo pensó que el hombre es la medida de todas las cosas sino que llegó a la conclusión de que lo humano es la medida misma de lo divino. Ese es, me parece a mí, el sentido del cristianismo. Y sólo por esas nociones el arte europeo evolucionó hacia la búsqueda de la perspectiva, del naturalismo, del arte del retrato, del realismo, de la minuciosidad del dibujo y de la fidelidad a las formas, de un modo que ya en el Renacimiento estaba alcanzando su plenitud.

Pero el descubrimiento de América fue también una metáfora de la necesidad que sentía Europa de salir de sí misma, la sed de descubrir los mundos no europeos que había en este mundo. A partir del siglo XVI, de un modo creciente, comenzaba en Europa en todos los reinos del espíritu, en la filosofía, en la política, en el arte, en la poesía, la crisis del centro, la crisis de la forma y la crisis de la proporción. Empezaron los sueños de la Utopía y del buen salvaje, de las nuevas Atlántidas y de los El Dorados, creció el gusto por las especias exóticas y comenzaron las fugas míticas en busca de lo nuevo. No deja de ser significativo que hayan sido los finales descubridores de otras tradiciones estéticas, impresionistas y expresionistas, quienes emprendieron una lucha contra la nitidez del dibujo, un proceso de experimentación y de abandono de cánones estrechos y de normas rígidas.

El arte americano nace de una tensión entre las formas del lenguaje europeo y las convulsiones de un mundo que no logra agotarse en lo humano. Como lo dijo, antes de Steiner, el inglés Auden, hay en América verdaderas selvas y verdaderas tierras vírgenes, ríos desmesurados y civilizaciones incomprendidas. "En Europa —dijo Auden— un viajero, por perdido que se encuentre, está a media hora de un sitio habitado, en tanto que no hay americano que

no haya visto con sus ojos comarcas prácticamente intocadas por la historia". Aquí el patrón humano no logra
aprisionar todo el sentido, y los artistas sintieron la necesidad de transgredir la norma áurea, la escala europea de
las proporciones. Eso ahora es menos difícil, porque también el arte europeo se ha lanzado a la búsqueda de un
nuevo sentido de la belleza, y ya en el siglo XIX el hombre
que sintetizó esas búsquedas de la modernidad, Charles
Baudelaire, había escrito en uno de sus poemas:

Plonger au fond du gouffre, Enfer ou Ciel, qu'importe?
Au fond de l'inconnu pour trouver du nouveau.
(Hundirse hasta el fondo del abismo, infierno o cielo, ¿qué im-
porta? Al fondo de lo desconocido para encontrar lo nuevo.)

Todo habitante de América, a pesar de sus esfuerzos
por habitar en la *polis,* en el sentido urbano del término,
vive en la vecindad de una naturaleza no conquistada del
todo, a medias innominada, en gran medida desconocida.
Cuando pensamos que casi toda la farmacia europea nace
del conocimiento de las seis mil especies vegetales que
pueblan el continente, y que en la América equinoccial hay
cincuenta mil especies de plantas, de cuyas propiedades
sólo tienen un conocimiento profundo los chamanes ama-
zónicos, entenderemos mejor cuál es el sentido abrumador
de la presencia de la naturaleza en el imaginario del hombre americano. La naturaleza no es aquí algo conocido (la
verdad es que en ninguna parte lo es), pero en América es
más difícil caer en la ilusión de que tenemos al mundo

dominado y sometido, de que lo tenemos domesticado. Y ello, que podría parecer un fenómeno exterior, el tipo de relación que establecemos con los bosques y los ríos, con los animales y los climas, es algo que incluye también la relación con nuestro propio sentido de humanidad y con nuestro propio cuerpo.

Nuestra América es todavía el reino de la perplejidad, y a ello contribuyen por igual las tensiones y los desajustes entre la realidad y el lenguaje, los mestizajes y los sincretismos. No deja de ser asombroso que estas tierras ya suficientemente complejas por su composición geográfica y biológica se hayan enriquecido más aún con el aporte de razas, lenguas, tradiciones, religiones, filosofías, modelos económicos e ideales políticos llegados de otras partes. Pienso en mi país, Colombia, por ejemplo, donde no somos mayoritariamente blancos europeos ni indios americanos ni negros africanos sino uno de los países más mestizos del continente, en una región que es a la vez caribeña, de la cuenca del Pacífico, andina y amazónica, que habla una lengua que es hija ilustre del latín y del griego, que profesa una religión de origen hebreo, griego y romano, que ha adoptado unas instituciones nacidas de la Ilustración y de la Revolución francesa, que fue incorporada al orden de la sociedad mercantil y a la dinámica de la globalización hace ya cinco siglos, y siento que estamos amasados verdaderamente de la arcilla planetaria; pienso en esta América Latina, que produjo buena parte de las riquezas con las que se construyó la moderna civilización europea, y me digo que es apenas comprensible que el arte y la literatura que surgen de esa colorida complejidad estén más llenos de fusiones de lo que uno pueda imaginar, y que esas fusiones pueden alcanzar por momentos apasionantes síntesis de la cultura planetaria.

Uno de los fenómenos más interesantes de nuestro mundo americano, y en especial de la región equinoccial, es el modo como participamos de la franja ecuatorial, del paralelo cuatro que produce no sólo la mayor diversidad biológica sino buena parte del oxígeno que respira el planeta. Es la región donde no hay estaciones, es decir, donde la naturaleza no descansa, donde el suelo no duerme, donde el sol y el agua mantienen, por decirlo de ese modo, en un insomnio permanente. Se diría que es la región perfecta para que los sueños broten de la vigilia. La luz produce otro colorido, el cielo está aborrascado de nubes gigantescas, la lluvia a veces produce diluvios interminables, es región de fantásticas tormentas eléctricas, de truenos ensordecedores, de inundaciones y avalanchas. Los ríos cambian de cauce y la superficie de la tierra se estremece a veces, acomodándose a la actividad de las profundidades.

No somos plenamente indígenas, ni europeos, ni africanos, pero nos nutrimos sin cesar de esos orígenes para al mismo tiempo diferenciarnos de ellos. No hace mucho, un escritor amigo mío, de una población que se afirma cada vez más como afrocolombiana, tuvo la oportunidad de encontrarse con un escritor de África, y le expresó su alegría de estar hablando con alguien con quien podía identificarse plenamente. El otro, con gran cortesía y sabiduría a la vez, le dijo que ellos dos no eran muy semejantes. Y claro que se lo decía sobre todo para formular un desafío tácito. "En realidad somos distintos —le dijo—: nosotros somos africanos, ustedes son negros". Mi amigo lo escuchó con extrañeza. Y el hombre de África añadió: "Ustedes descienden de esclavos. Nosotros nunca hemos sido esclavos". Es evidente que los negros americanos tienen que afirmarse en algo más que en su común origen africano; sin negarlo, tienen que sentirse más decididamente parte mitológica del mundo americano, y luchar por su originalidad aquí, en diálogo con este mundo en el que viven hace ya cinco siglos. También para ellos son esos versos de Leopoldo Lugones:

Que nuestra tierra quiera salvarnos del olvido,
por estos cuatro siglos que en ella hemos servido.

Y al mismo tiempo hay que saber que sin esa savia vital que llegó de África, nadie en América Latina sería lo que es. Todos tenemos derecho a reclamar "la parte de África" en nuestro ritmo, en nuestra carne y en nuestra imaginación. Todo es cuestión de ver bien los matices. Y lo mismo puede decirse de "la parte de Europa" y de "la parte de América". Los hispanoamericanos podemos sentirnos españoles sólo hasta el día en que vamos a España, ese día comprendemos para siempre que somos otra cosa, y ese descubrimiento puede ayudarnos incluso a amar a España, a admirar a España, a descubrir a España.

Ahora bien, el modo como está lo indígena en nuestra cultura mestiza me resulta más fácil pensarlo recurriendo a la literatura. Siento que hay, por ejemplo, en la obra de Gabriel García Márquez, una forma de la narración que no responde a los paradigmas de la novela occidental, una manera de mostrar los fenómenos no mediante argumentaciones sino por medio de imágenes y de bruscas magias verbales. Es más bien un procedimiento de estirpe indígena, y como no sé si García Márquez ha sido un estudioso de las mitologías indígenas, prefiero pensar que todo esto le llegó a través de la narración oral, de la manera de contar historias que tenía su abuela, de la riqueza narrativa de las gentes del pueblo, de las que se bebe en el Caribe por la vía de la tradición musical, de los rumores que van de pueblo en pueblo, de cierta tendencia a la exageración y sobre todo a convertir los hechos en fábulas tremendas. Ya estaba en él toda la fantasmagoría de una casa donde los muertos tenían su lugar en el orden doméstico y eran utilizados para inmovilizar a los niños ante el temor a sus apariciones, y por eso no fue difícil que al leer la novela *Pedro Páramo*, de Juan Rulfo, García Márquez percibiera la profunda afinidad que había entre ellos, el modo como, sin saberlo muy bien, pertenecían al mismo mundo y necesitaban de los mismos recursos para dar cuenta de sus realidades profundas.

Cuando se publicó la novela *Cien años de soledad* muchos episodios despertaron polémica entre los críticos literarios: les parecía que un hilo de sangre que brota del cadáver de un muchacho y se va recorriendo cuidadosamente todo el pueblo, orillando andenes, entrando bajo las puertas, cambiando de rumbo para no manchar las alfombras, subiendo peldaños, hasta llegar a los pies de la madre y llevarle la noticia de la muerte del hijo era una exageración, una invención inverosímil o un mero rasgo de barroquismo tropical. Sin embargo, ya hemos visto cómo en la novela ese surco está profundamente trazado por los hechos desde el comienzo. En la conducta de los personajes se ha ido delatando ese lazo invisible que los une y que nunca consiguen expresar con palabras. Cuando el hijo mayor se aleja, su madre deja todo por buscarlo. Cuando años después el hijo regresa, aparentemente cambiado por la vida, cruza el pueblo entero y sólo se detiene cuando llega junto a ella. Si el escritor no nos hubiera dado todas esas evidencias previas, tal vez el trazo de ese hilo rojo nos parecería un capricho, pero en la novela no hay lector que no tienda a aceptarlo como parte indiscutible de una realidad. Ese pictograma traza la forma del mito, es algo más que un recurso verbal, es la revelación de uno de los secretos de un mundo. En nuestro continente el tiempo fluye de un modo vertiginoso. Hemos tenido que pasar en cinco siglos de los altos imperios comunitarios a las disgregaciones de la posmodernidad, de la vasta e indemne selva continental a las paredes apocalípticas de los incendios que cercan y carcomen la selva amazónica para sembrar soya, de las praderas del bisonte y del indio a los aviones estrellándose contra los acantilados de cristal de las Torres Gemelas.

Durante mucho tiempo, la América Latina se gastó en el esfuerzo de alcanzar una lengua propia, de convertir las arrogantes y rígidas lenguas que llegaron de Europa en lenguas nutridas por la savia del mundo nuevo. Sólo a fines del siglo XIX, con la labor de los extraordinarios poetas y narradores a los que llamamos modernistas, simbolizados por el más melodioso de ellos, el nicaragüense Rubén Darío, conquistamos por fin unos recursos literarios capaces de enfrentar el desafío de nombrar plenamente nuestro mundo y de dialogar con las otras literaturas del planeta. El siglo XX nos ha visto emprender esa tarea: las obras de los modernistas, de Rubén Darío, del mexicano Alfonso Reyes, de tantos autores en todo el continente, han madurado esos recursos. Y después, entre los numerosos autores del medio siglo y del llamado "realismo mágico", surgieron muchas voces que de algún modo resumen la pluralidad de ese clamor continental. Entre ellas es necesario mencionar a Juan Rulfo, cuya obra breve e inagotable muestra los viajes de la lengua española en la profundidad de la memoria mexicana; a Pablo Neruda, cuyo canto de piedra y de selvas explora y celebra por igual la naturaleza y la historia; a Gabriel García Márquez, cuya biblia pagana del Caribe condensa la elocuencia de la lengua de Cervantes, el pensamiento mágico de los pueblos indígenas y la alegría, el colorido y la sensualidad de los hijos de África, y a Jorge Luis Borges, quien, interesado por la poesía gauchesca y por la cábala judía, por el islam y por el budismo, por las mitologías del Indostán y por las sagas nórdicas, en el mayor país de inmigrantes, supo recoger la memoria de todas las bibliotecas y sentir el rumor del planeta entero mezclado en nuestras venas y en nuestras almas.

Todavía estamos en el deber de interrogar cómo puede ser ese diálogo nuestro de lo uno con lo diverso, pero yo diría que no lograremos integrar a la América Latina mientras nos neguemos a ver la infinidad de sus matices, la riqueza sutil de sus diferencias. Es urgente abandonar los nefastos conceptos de subdesarrollo y de tercer mundo, que pretendían hacer del desarrollo un camino prefijado y exterior. Hijos de la edad de los descubrimientos, engendrados en las primeras avanzadas del mercantilismo, herederos de las lenguas, las religiones y las instituciones de Europa, nosotros somos el primer gran fruto de la globalización.

Pero ahora se hace evidente que el énfasis en lo universal despierta enseguida la necesidad y la defensa de lo local. Desde que comenzó la prédica imperativa de la globalización ya no nos bastan las naciones, cada región del globo, cada aldea, cada tradición pugna por hablar, por diferenciarse, por existir. Hay un verso del poeta León de Greiff al que él traviesamente llamó "la fórmula definitiva y paradojal". Esa fórmula dice: "Todo no vale nada si el resto vale menos". Es paradójico y burlón que alguien hable del todo y del resto, pero en términos lógicos es comprensible. El todo no sólo es la suma de las partes, es también algo diferente de las partes. Y no se puede hablar del todo, del amor por la totalidad, para predicar el descuido de lo particular y de lo fragmentario. Creo que esa fórmula significa: el bosque no vale nada si el árbol vale menos, la especie no vale nada si el individuo vale menos, el universo no vale nada si cualquier lugar en él es deleznable. Las naciones son importantes, pero necesitamos con urgencia un diálogo nuevo, de cada lugar con todos los otros y de lo local con el universo. Se diría que necesitamos un diálogo de los dioses del lugar con el omnipresente y disperso dios de Spinoza, y ello supone no sólo el respeto por el universo como un todo, por el planeta como un todo, sino la recuperación del sentido sagrado de cada arroyo y de cada peñasco, de cada árbol y de cada criatura. Y creo que no es la política sino el arte el que sabe ver a la vez el conjunto y el detalle.

Es verdad que los seres humanos no podemos sobrevivir sin perturbar, pero ya empezamos a comprender que tampoco sobreviviremos si perturbamos demasiado. Hoy el mundo siente el peso oneroso de la especie humana, advierte demasiado su presencia, siente la rudeza y la torpeza de nuestra relación con las cosas, y es evidente que se hace necesario el aprendizaje de la levedad, de no pesar mucho, el aprendizaje de cierta invisibilidad, tan contraria a esta manía moderna de lo que es excesivamente visible y estridente, el aprendizaje de la delicadeza y el aprendizaje de la sutileza. Lo que adivinaron los primeros críticos de la modernidad: que Dios está en los detalles, que lo importante es el matiz más que el color, que frente a la excesiva pretensión de conocimiento no necesitamos entender todo sino más bien comprenderlo, y que no necesitamos saber todo para disfrutarlo y agradecerlo.

De la América Latina podemos decir que es uno de los pocos sitios del planeta donde todavía queda la naturaleza, muy vulnerada pero todavía cargada de sus atributos originales. Nosotros somos, además, la Europa que se fue y que se mezcló con lo distinto, y mucho tenemos que enseñarle a esa Europa que sólo ahora está sintiendo la vecindad física del resto del mundo. Nuestra rica cultura continental ha experimentado las fusiones y ha alcanzado poderosas síntesis. Los males del mundo se ven mejor desde las orillas que desde el centro, porque los viejos centros estuvieron siempre demasiado engreídos de su importancia y no veían más allá de su horizonte, y en cambio los nuevos centros de la esfera participan de los atributos del centro y de la orilla. Es verdad que en los sótanos de nuestras ciudades está el aleph, está el universo.

Este mundo a medias conquistado también a medias se demora, por fortuna, en sus atributos originales. La modernidad, la era tecnológica, el prodigio científico han hechizado nuestra sensibilidad de un modo fascinante y peligroso. Estamos, como dice el poeta Aurelio Arturo, "con un pie en una cámara hechizada y el otro a la orilla del valle, donde hierve la noche estrellada". Y nada es hoy tan importante como encontrar un equilibrio entre nuestra capacidad de modificar el mundo y nuestra necesidad de conservarlo, entre la tarea de construir una morada humana y el deber profundo de respetar el universo natural. Si nuestras naciones fueron los primeros frutos modernos de la globalización, son escenarios propicios para que encontremos también sus límites. Porque la especie humana, envanecida de sus derechos, ha olvidado la pregunta por sus límites y necesita con urgencia un sentido responsable y nítido de esos límites. De esa delicada tarea, bien podría depender el destino del mundo.

(Presentado en un Seminario de Avina en Curitiba, Brasil, en 2008, y leído después en Casa de las Américas de La Habana.)

LA HORA DE UN CONTINENTE

Hay una epopeya que nadie nos ha contado, la única comparable a la conquista de un planeta desconocido: el avance de unos pueblos despojados, hace treinta mil años, por el territorio de América. En medio de su extraordinario rigor, podríamos sin embargo llamarla "El descubrimiento del paraíso".

Aunque en la edad que termina los hechos sólo se recordaban cuando los cumplían los europeos, esa primera población de América por inmigrantes asiáticos podría ser un hecho fundamental para el futuro. Porque todos en el mundo somos extranjeros pero quizás sólo los latinoamericanos lo sabemos. Y, como bien afirma Richard Sennett, es fundamental que aprendamos a comportarnos como extranjeros, arraigados con amor pero con cautela en un territorio desconocido, para no incurrir en los saqueos y las depredaciones que obran los que se sienten dueños para siempre, los que presumen de una excesiva familiaridad con el mundo.

Antes todos los pueblos tenían esas cautelas, todas las mitologías antiguas expresaban ese asombro y esa reverencia con el universo natural, y yo diría que el error de la modernidad es que se siente demasiado dueña del mundo.

Los pueblos indígenas fueron aquí los primeros inmigrantes, y en sus sabidurías de treinta mil años descifrando e interpretando un mundo extraño han de estar muchas claves para la supervivencia de este planeta y de las especies que viajan en él por el mar de leche de diosa de las galaxias.

Creo que en estos tiempos es un privilegio que podamos llamarnos "el continente de los extranjeros", aunque, repito, todos en el mundo lo somos. Esa falta de familiaridad excesiva sólo puede traducirse en respeto y asombro, y el asombro es el comienzo de la filosofía. "Esa suerte de estupefacción dolorosa con la que —según Schopenhauer— comienza toda filosofía, y que llevó al filósofo a afirmar que 'la filosofía debuta, como el *Don Juan* de Mozart, por un acorde en tono menor'".

Digo estas cosas en Buenos Aires porque no quiero olvidar que la obra de Jorge Luis Borges está marcada fundamentalmente, y hasta siento la tentación de decir "exclusivamente", por el asombro, por la perplejidad.

> *Cada aurora (nos dicen) maquina maravillas*
> *capaces de torcer la más terca fortuna;*
> *hay pisadas humanas que han medido la luna*
> *y el insomnio devasta los años y las millas.*
>
> *En el azul acechan públicas pesadillas*
> *que entenebran el día. No hay en el orbe una*
> *cosa que no sea otra, o contraria, o ninguna.*
> *A mí sólo me inquietan las sorpresas sencillas.*

Me asombra que una llave pueda abrir una puerta,
me asombra que mi mano sea una cosa cierta,
me asombra que del griego la eleática saeta

instantánea no alcance la inalcanzable meta,
me asombra que la espada cruel pueda ser hermosa,
y que la rosa tenga el olor de la rosa.

Algunos creyeron alguna vez que Borges era un autor europeo, o europeísta: qué grave error. Si hay una obra que Europa no sería capaz de escribir es la de Borges: es imposible ser más americano, es imposible ser más latinoamericano, y acaso es imposible ser más argentino. Porque es mucho más que una metáfora decir que aquí está todo el mundo "sin superposición y sin transparencia". Este es el país de los inmigrantes, el país de todas las tradiciones, y eso incluye al mundo indígena, ese "Camino del indio" que con el mismo asombro nombraba Atahualpa Yupanqui:

Caminito del indio, sendero colla sembrao de piedras,
caminito del indio que junta el valle con las estrellas

y que cantaba con voz conmovedora Hugo del Carril.

Los pueblos indígenas sintieron siempre la familiaridad que inspira respeto por el mundo, no la familiaridad que permite destruirlo. Recuerdo que hace diez años, cuando llegué por primera vez a la India, yo creía que iba a encontrarme con una realidad radicalmente distinta al mundo latinoamericano, y me sorprendió sentir que más bien lo que hay allá es lo que habría llegado a ser este mundo americano si no hubiera hecho irrupción en su crecimiento el orden occidental. El templo del jaguar y de la serpiente, el rito del agua y del sándalo, el rito del fuego y las lámparas de flor de loto que llevan el fuego de la plegaria por las aguas del río. Por algo llamaron indios a nuestros indios.

Pero hay otra razón por la cual conviene sentirnos un poco extranjeros en el mundo, y es por el orden de pesados privilegios que le han correspondido a la especie humana, y que la hacen sentirse en cierto modo por fuera del universo natural. Baudelaire lo dijo de una manera inmejorable: "¿No soy acaso un falso acorde / de la divina sinfonía?". El poeta colombiano Porfirio Barba Jacob lo expresó de un modo semejante: "Entre los coros estelares / oigo algo mío disonar".

Sólo a través de los lenguajes del arte los seres humanos logramos reintegrarnos a la armonía cósmica. El privilegio terrible consiste en que el mundo pertenece al orden de la necesidad y nosotros somos los únicos que pertenecemos, o creemos pertenecer, al orden de la libertad: tenemos sueños, tenemos propósitos, siempre queremos trazarle un rumbo a nuestras vidas y un rumbo a la historia.

Con la irrupción de Occidente hace cinco siglos, llegaron a esta tierra en clave de urgencia los imperativos de la modernidad. El mercado, que trafica por igual con metales, con pieles, con maderas, con manufacturas, con comodidades, con seres humanos, con licores, con armas, con estupefacientes. También fueron llegando los ideales de la época: la democracia, la libertad, la igualdad y la fraternidad, la religión del espíritu, la división de los poderes públicos, la ciencia, la industria y la tecnología. Nada de eso se nos propuso como una opción, todo como un deber imperioso.

Gracias al peso de la tradición indígena, quizá gracias a esa cautela de extranjeros que habían manejado en su relación con el mundo, el universo natural americano estaba prácticamente intocado. Ya hace dos mil setecientos años el *Tao te king* recomendaba que alteráramos mínimamente el orden natural. Corregir excesos, moderar desbordamientos: la presencia humana no se debía sentir demasiado en el mundo. Pero los seres humanos tenemos la conmovedora y terrible capacidad de aprender y de transformar, somos una fuerza ciclónica de transformaciones sobre el entorno.

En esta época de conmemoración de los bicentenarios, vale la pena preguntarnos si nos separamos de Europa para intentar ser distintos o sólo para seguir haciendo lo mismo por nuestra cuenta. Pero así como la conquista europea de América fue un hecho nuevo, desconocido, irrepetible, de dimensiones monstruosas en el peor y en el mejor sentido del término, también la Independencia fue un hecho nuevo: nosotros fuimos los primeros en enfrentar y derrotar el colonialismo moderno.

Y si la Conquista trajo la modernidad, la Independencia le dio otra vuelta de tuerca a la idea de modernidad. La Conquista había fundado la esclavitud y la servidumbre modernas: la costumbre de hacer esclavos y siervos a los miembros de otras razas y otras culturas, todo instaurado bajo el principio de pureza, de limpieza de sangre. La Independencia nos impuso enseguida el deber de abolir la esclavitud y de abolir la servidumbre en términos jurídicos, pero dejó pendiente la tarea de incorporar a indios y esclavos en el orden social, y postergó por mucho tiempo la tarea de interrogar su universo cultural y redefinir con él nuestro horizonte de civilización.

Melancólicamente Constantino Cavafis escribió a comienzos del siglo XX:

Gente venida de la frontera anuncia que ya no hay bárbaros.
¿Y ahora qué destino será el nuestro sin bárbaros?
Una solución eran esas gentes.

En el ejercicio de exterminar a los supuestos salvajes y de borrar a los supuestos bárbaros, Occidente se aplicó a magnificar la barbarie real en su propio seno. Ya la traía de antes: era la barbarie de la pureza. Gracias a ella César cortó en un solo día la mano derecha de diez mil galos, Roma borró a Cartago con fuego y con sal, el cristianismo levantó guerras contra infieles, cruzadas contra herejes, tribunales y hogueras contra disidentes.

Pero los distintos —eso significaba la palabra "bárbaro" para los romanos— eran necesarios, y hoy sabemos que si algo necesita una civilización para sobrevivir es el diálogo con otras civilizaciones. Estamos muy acostumbrados a oír la celebración de lo que la sociedad industrial y tecnológica sabe hacer, pues nos lo recuerdan noche y día los medios hegemónicos y la publicidad, pero lo que callan aplicadamente es lo que esta cultura no sabe hacer.

Nuestra época sabe mucho de crecimiento pero poco de equilibrio, sabe ofrecer al ciudadano el consumo pero no sabe proponerle la creación, sabe ofrecer novedades pero no sabe conservar tradiciones, sabe hablar del futuro pero descuida o calumnia la memoria, sabe dominar y transformar la naturaleza pero no sabe respetarla ni conservarla, habla demasiado del globo pero no habla suficientemente del lugar.

Hace poco Stephen Hawking sostuvo que este planeta no bastará para satisfacer nuestras expectativas inmediatas, y que necesitamos urgentemente explorar dos o tres planetas que puedan satisfacernos. Pero ese ironista sabe muy bien que no encontraremos en los próximos trescientos años adónde llevar a la humanidad que ya tenemos hoy, y que lo que hay que examinar es el modelo de expectativas al que hemos llegado. No es la humanidad la que necesita muebles que lleguen del otro extremo del planeta, no es la felicidad humana la que exige este frenesí de desplazamientos que consume combustibles fósiles, degrada el ambiente y nos transforma en ese oxímoron: el viajero sedentario. No es la salud humana la que impone que los alimentos tengan que recorrer enormes distancias hasta nosotros o tengan que ser modificados en su estructura genética. La industria y la publicidad diseñan e imponen el modelo, y podrían denunciar como criminal todo esfuerzo por alterarlo.

Si algo nos enseña el deterioro ambiental es que no sobreviviremos sin equilibrio; si algo nos enseñan la crisis de civilización, la debacle moral y la depresión generalizada es que no las superaremos sin grandes aventuras de creación; si algo nos enseñan el vértigo y el vacío de la época es que necesitamos el bálsamo de la tradición, sus memorias y sus rituales; si algo nos enseña el cambio climático es que no sobreviviremos sin un nuevo respeto por la naturaleza; y si algo nos enseñan la degradación de los mares y la atmósfera, la contaminación de los ríos y el basurero universal es que para salvar el globo hay que pensar en lo local, que para salvar el agua planetaria tenemos que proteger los manantiales.

Esto es lo que quería decir. Que América Latina está en condiciones de decirse a sí misma y de decirle al planeta que la civilización no puede ser una mera estrategia de mercado. Que si fuimos los primeros en derrotar el colonialismo, tenemos que ser los primeros en enfrentar la suicida teoría del crecimiento, impulsada no por las necesidades de la especie sino por la inercia del lucro; que al crecimiento hay que oponer una teoría del equilibrio; que los pueblos no quieren opulencia sino dignidad, austeridad con riqueza afectiva, menos consumismo y más creación, menos automatismo y más calidez humana, que la felicidad es más barata de lo que pretende la civilización tecnológica; que ante estas bengalas del espectáculo la vida requiere sencillez y arte, sensualidad y alegría, refinamiento de la vida y un sentido generoso de la belleza.

Toda familia merece una fina vajilla de porcelana para muchos años y no una costosa vajilla de plástico para cada día; bellos muebles hechos por artesanos cercanos y no apresuradas mercancías traídas del otro extremo del mundo. Tener una industria local nos dignifica como productores y nos enorgullece como consumidores. Pero también cada ser humano merece toda la herencia de la civilización humana, sus artes y sus filosofías, sus inventos y sus rituales, sus lenguas y sus dioses.

«El destino, que es ciego a las culpas, suele ser despiadado con las mínimas distracciones», escribió Jorge Luis Borges. La verdad es que el mundo que hemos construido descuida muchas cosas que son esenciales: descuida educar en el afecto, en la responsabilidad y en la solidaridad, descuida la naturaleza y sobrevalora las mercancías, descuida la tradición y sobrevalora la novedad, descuida el hacer y sobrevalora el consumir, descuida la necesidad y sobrevalora la libertad. Pero no basta defender la libertad, también hay que poner freno al egoísmo.

Creo que por primera vez la agenda de América Latina coincide plenamente con la agenda del globo. Las prioridades ya son las mismas: salvar el único planeta habitable que tenemos en todo el universo accesible. Tal vez en esta encrucijada de la historia nuestra simbólica condición de extranjeros, la memoria indígena de la primera y abnegada globalización, los mitos de la naturaleza, nuestra perplejidad borgesiana, esta capacidad de sentir el mundo en nuestras venas y el aleph en el sótano de nuestra casa, esta dificultad para identificarnos con cualquier tipo de pureza, el privilegio de no pertenecer a ningún centro y la capacidad de percibir desde la periferia las virtudes y los peligros del modelo, nos autorizan y nos permiten, más que a otros, formular estas propuestas serenas de cara al futuro.

(Leído en el Encuentro Pensar América Latina, en Buenos Aires.)